全国教育科学"十三五"规划课题国家一般项目"历史文化视域下的师德建设长效机制研究"（课题批准号：BEA200117）系列成果之一。

班主任工作十日谈

教育素养

韦成旗　杨　学——主编

教育科学出版社
·北京·

出版人　李　东
策划编辑　刘　灿　池春燕
项目统筹　池春燕
责任编辑　代周阳
版式设计　杨玲玲
责任校对　张晓雯
责任印制　叶小峰

图书在版编目（CIP）数据

班主任工作十日谈. 教育素养/韦成旗，杨学主编
. —北京：教育科学出版社，2021.6（2023.9重印）
（班主任工作十日谈丛书/齐学红主编）
ISBN 978-7-5191-2616-2

Ⅰ . ①班… Ⅱ . ①韦… ②杨… Ⅲ . ①班主任工作
Ⅳ . ①G451.6

中国版本图书馆CIP数据核字（2021）第087562号

班主任工作十日谈　教育素养
BANZHUREN GONGZUO SHI RI TAN　JIAOYU SUYANG

出 版 发 行	教育科学出版社				
社　　　址	北京·朝阳区安慧北里安园甲9号		邮　　编	100101	
总编室电话	010-64981290		编辑部电话	010-64989422	
出版部电话	010-64989487		市场部电话	010-64989009	
传　　　真	010-64891796		网　　址	http://www.esph.com.cn	
经　　　销	各地新华书店				
制　　　作	北京博祥图文设计中心				
印　　　刷	中煤（北京）印务有限公司				
开　　　本	720毫米×1020毫米　1/16		版　　次	2021年6月第1版	
印　　　张	15.75		印　　次	2023年9月第2次印刷	
字　　　数	213千		定　　价	49.80元	

再赞"随园夜话"
为终身自觉学习服务

2020年12月18日，南京师范大学教育科学学院独创的学习与研究班主任原理的组织形式"随园夜话"已经完成了100期！从2021年开始，启动"随园夜话"的第101期。

"随园夜话"是我们中小学教育者自由组织的学习、研究班级教育与班主任原理和方法的一种组织形式。在"随园夜话"活动中，不论参加者原先的职务、工作如何，凡参与活动的都是学习者。他们学习与休闲结合，轻松、优雅、诗性，共同享受学习、享受友谊、享受快乐。

当前，随着中国特色社会主义进入新时代，我们的教育，包括班级教育，要更好地贯彻落实党和国家的教育方针，实现教育目标，应遵循习近平总书记于2018年9月10日在全国教育大会上提出的培养具有"大爱大德大情怀的人"的指示。

习近平总书记的要求，也正是他提出的建设"人类命运共同体"的精神要求。"人类命运共同体"并非"人类中心主义"，而是"人与自然和谐共生"。早在2010年，我国就参与了国际生物多样性年活动，并立下碑文："宇宙何大，地球何小。命脉所系，四海一家。人类自然，相生相长。保护生物多样性，降低其丧失速率。值此国际生物多样性年，特立此碑。"

随着新时代的到来，我们对班级教育与班主任工作，在理论与实践上，都有了更高的要求。在哲学理论上，以《矛盾论》《实践论》为指导；在心理学理论上，以"心育论"为指导。

提高生命自觉。理解一切生命，特别理解人的生命。人的生命是物质与精神的统一，即肉体生命与精神生命的统一。人的生命成长发展包括体、智、德、美各项素质，经历生存、认识、道德、审美阶段。我们要做最好的自己！自己运动，自己教育自己，自己造就自己，自己解放自己，自己拯救自己，自己管理自己，做最好的自己！

做自觉教育者。理解教育本质，依据社会发展要求，依据生命成长发展的规律，有目的、有计划地从事教育活动，促进人的体、智、德、美的发展。教育包括施教与受教。受教即学习。

做自觉学习者。理解学习的本质，依据社会发展要求、生命成长发展的规律，有目的地促进人的知、情、意、行的发展——体、智、德、美的发展。自觉学习者能时时、处处、事事都学习。生命不息，学习不止。做终身自觉学习者！

"随园夜话"是南京师范大学教育科学学院师生的教育独创！新的历史时期，我们应发扬已有的"随园精神"，让老师朋友们轻松、优雅、诗性地融合学习与休闲，共同享受学习、享受成长、享受友谊、享受快乐！让"随园夜话"更好地为提高我们的生命自觉——终身自觉学习服务！

班　华　于朗晴斋

2021年1月

赞"随园夜话"班主任沙龙

2014年1月17日，南京师范大学班主任研究中心举办了"随园夜话"班主任沙龙五周年纪念活动。该中心是于1996年由南京师范大学教育系成立的一个小小的班主任研究机构，中心主任由当时教育学教研室主任高谦民老师兼任。中心成立后，开展了班主任与班级教育研究，承担了教育部立项重点课题，各省（自治区）的共约83所中小学参加了课题研究。中心多次举办全国性的班主任研讨活动，先后公开出版《班主任与德育》《班主任与素质教育》《发展性班级教育系统》《班级：师生成长的沃土》等一系列班主任用书。高老师退休后，齐学红老师继任中心主任，带领大家继续开展班主任研究工作。而七年前开始的"随园夜话"班主任沙龙，则是班主任研究活动的一种创新，一种可贵的教育创新！

七年来，"随园夜话"班主任沙龙共举办了57期活动，每一期都有一个交流主题，参与者多为南京市中小学班主任或学校德育负责人、研究者。南京市邻近的镇江市、太仓市的班主任朋友，也常来南京参加"随园夜话"活动。另外，南京周边的安徽省蚌埠市、郎溪县，山东省枣庄市，湖北省襄阳市等也不时有班主任来参加。年过七旬的黎鹤龄老师是参加"随园夜话"活动的积极分子。他不仅自己积极发言，还认真听取和记录他人的发言，并指导所在学校的年轻班主任承担沙龙主持活动。南京市教育局宣德处处长和有关局领导很关心班主任工作，也经常参加"随园夜话"活动。对于班主任工作的相关研究人员而言，参加"随园夜话"活动为他们提供了一个研究班主任的好机会。

"随园夜话"班主任沙龙，我赞赏它是一种教育创新，因为它是独具特色的班主任研究的新形式，是一个非常好的与班主任朋友们相互交流、相互学习、共同成长的乐园！每一种教育研究活动形式都有各自的特点或优点。但我特别赞赏班主任愉快相聚、自由研讨班级教育的"随园夜话"班主任沙龙，因为它有许多独特的优点。

——它不同于教育科研成果的学术报告会，不是一个人在台上做报告，其余人都坐在台下听报告。"随园夜话"班主任沙龙的所有参与者都面对面地相互交流，主持人或发言者大多用课件表达自己的思想，或者用多媒体演示自己班级的活动。

——它也不同于通常的学术研讨会，它不要求参与者必须事先准备好会议论文，到会上宣读（交流）论文。"随园夜话"班主任沙龙的参与者只要会前根据活动的主题或中心议题，写个简要发言提纲，或者做好发言的思想准备即可。有时，重点发言者根据需要做个课件就是很好的准备。

——"随园夜话"班主任沙龙的参与者都是学习者。这里不像科研报告会、学术研讨会那样严肃。既不需什么开幕仪式，也没有闭幕总结；开始没有领导致辞，结束也没有领导总结。它是一种学习活动，又类似一种茶话会，是漫谈式、对话式的，但又不是不着边际的任意闲聊。"随园"是一个"园"，"园"是有中心、有范围的，参与者围绕确定的中心或主题随意地聊。既有中心，又是自由发言，大家相互交流、平等对话、共同学习、共同成长。

——独特而优雅的"随园夜话"，让我们联想到英国的下午茶。这是一种友好交往的方式，也是一种学习与休闲，一种同行朋友的聚会。"随园夜话"给人一种轻松、优雅、诗性的感觉。确实，在活动过程中，人们是放松的、休闲的、愉快的。参与者或者听着他人班级有趣的教育故事，或者介绍自己班级的教育经验，大家随意品尝着面前桌上的水果茶点，在轻松愉快的氛围中交流着、学习着。每个人物质的、精神的需要都得到了合理的满足，好不享受！

　　——"随园夜话"的"随园"是南京师范大学所在地域的名称，"夜话"表明活动是业余的，是在夜晚进行的，参与交流活动的老师们是自愿来的。参加活动既没有一丝一毫的报酬，而且还要占用自己并不充裕的业余时间。因为他们是一群敬畏教育、忠于职责、热爱学生、积极参与班级教育研究的热心人。在这里，"随园夜话"的参与者们自由地交谈着，愉快地畅想着。他们不仅相互学习，共同成长，而且通过彼此沟通，增进了彼此间的了解，加深了同行的友情。

　　"随园夜话"班主任沙龙，让人们享受学习，享受快乐，享受友谊。作为喜欢班主任工作的人、热爱教育事业的人，能不赞赏它吗？

班　华　于朗诗名居

2015年6月

作为一种生活方式的沙龙研讨

始于 2008 年 9 月的"随园夜话"班主任沙龙，在不知不觉间走过了 12 年的发展历程，共举办了 100 期沙龙活动。从开始时的"七八个人，三五杆枪"，到现在走出很多在全国有着广泛影响力的优秀班主任、德育学科带头人，还有很多南京市、江苏省乃至长三角等地区班主任基本功大赛的优胜奖获得者。他们在这里得到了学术滋养，对于这些一线班主任而言，沙龙也给他们提供了对日常工作进行全面反思的机会与可能。如果说活动开始时还需要信念驱动，那么现在对于很多参与者而言，每月一次的沙龙活动已成为一种习惯：大家在一起谈工作、谈生活，交流信息，获得智力以及情感上的支持和相互慰藉，进而成为一种生活方式。沙龙活动在很大程度上发挥着促进班主任专业研修的作用，只不过没有任何的行政命令，完全是班主任自觉自发的活动，反而更能彰显班主任的主体性：从日常生活层面被动服从于各种行政命令的执行者，变为自主研讨、自由言说的行动主体，实现了从经验型班主任向专业型、专家型班主任的蜕变。这种蜕变得益于高校教师的专业引领、大学宽松自由的学术氛围。沙龙实际上是大学教师深入中小学一线，与一线教师结成的学术共同体和实践共同体。

在日益功利化的当今社会，"随园夜话"班主任沙龙堪称一个奇迹，成为一道美丽的风景线，吸引着来自全国各地有着强烈学习愿望的班主任加入。尤其是在疫情的特殊背景下，我们坚持线上线下相结合的研讨方式，不断扩大在全国的影响力，体现了沙龙一贯秉承的开放包容、民主自由、平等尊重的精神。如今，"随园夜话"班主任沙龙已成为在全国具有广泛影响力的学术品牌活动。

　　班主任工作内容和工作对象的复杂性决定了班主任研究本身具有复杂科学的特点，而有着不同学科背景的专家学者、一线教师围绕某一具体问题展开的研讨，常常具有启迪智慧、开发心智的作用。正因为沙龙具有这样一种自由研讨、自由表达的学术品质，使得所有参与沙龙活动的人都有获得感，所以大家才会乐此不疲，坚持长久。

　　对"随园夜话"主题研讨的内容进行精心设计、组织编排后形成的"班主任工作十日谈"系列，自2015年出版发行以来，在实践领域产生了广泛反响。如今修订再版，在原有主题基础上充实了新的主题和内容，更加具有时代感；与此同时，还将所有主题拍成视频，与纸制版配套发行，彰显了沙龙活动的可视化和现场感，便于读者观看学习，充分发挥了数字化媒体资源的优势，相信会给读者带来不一样的阅读和视觉体验。

齐学红　于朗诗国际

2021年1月

目录
CONTENTS

所谓班主任专业化，不是从知识所拥有的权力出发，站在知识分类学的角度，人为地提高自己的专业门槛，把那些不能用专业标签归类的人排斥在门外，而是站在大教育的角度，研究探讨具有普遍意义的人的问题、教育的问题。

情境引入
• "共和国勋章"获得者钟南山

随园夜话

问题聚焦
•班级如何开展理想教育?

名师视角
•班级理想教育实践与思考

专家解读
•谈理想教育

高手支招
•理想教育在中德合作办学项目中的探索

实践探索
•实施理想教育的新途径

［随园小语］

人民有信仰，民族有希望，国家有力量。

——习近平

世界上最快乐的事，莫过于为理想而奋斗。

——苏格拉底

一个人的理想越崇高，生活越纯洁。

——伏尼契

理想是指路明灯。没有理想，就没有坚定的方向；没有方向，就没有生活。

——托尔斯泰

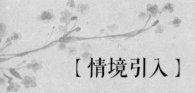

【情境引入】

人的需要、愿望是体现在人的志向、理想之中的。我国许多经典诗句中"立志"都被作为做人的首条金科玉律，诸如"志存当高远""少壮不努力，老大徒伤悲""志不强者智不达"等，用以勉励人们从小树立理想，存储内驱力，为终生自主持恒地发展奠基。古今中外学校都很重视对学生进行理想教育，以引领和促进学生形成为了理想而努力终生的自主健康发展的强者型人格。所以，本期沙龙讨论学生的理想教育。

"共和国勋章"获得者钟南山 ①

"我的中学时光是在华南师范大学附中度过的。给我印象最深的是一位老师曾对我说过的一段话。他说：'人不应单纯生活在现实中，还应生活在理想中。人如果没有理想，会将身边的事看得很大，耿耿于怀；但如果有理想，身边即使有不愉快的事，与自己的抱负相比也会变得很小。'他的话很朴实，却蕴含着很深的人生哲理。在以后的日子里，我常常拿这些话来激励自己。"

——钟南山

84岁高龄的钟南山现为广州医科大学附属第一医院国家呼吸系统疾病临床医学研究中心主任。从医从教一甲子，钟南山以其专业精神、勇敢担当和仁心大爱，诠释了医者的初心和使命，诚如他在全国抗击新冠肺炎疫情表彰大会上发言时所讲："'健康所系，性命相托'，就是我们医务人员的初心；保障人民群众的身体健康和生命安全，是我们医者的使命。"

专业："科学只能实事求是"

2003年初，"非典"袭来之际，情况十分危急。

面对这样一种前所未有的疾病，钟南山以其专业学养和丰富经验，否定了"典型衣原体是非典型肺炎病因"的观点，从而为及时制定救治方案提供了决策依据。

---

① 摘自人民网：http://m2.people.cn/r/MV8wXzE0NDA4OTM2XzM3XzE1OTk2MTc5NTU= 人民网2020.9.9，略有改动。

敢于下这个判断，是因为钟南山"查看过每一个病人的口腔"。有朋友悄悄问他："你就不怕判断失误吗？有一点点不妥，都会影响你中国工程院院士的声誉。"钟南山则平静地说："科学只能实事求是，不能明哲保身，否则受害的将是患者。"

1936年10月，一名男婴出生在南京一所位于钟山之南的医院，父母为其取名"钟南山"。受从事医学工作的父母的熏陶和影响，长大后，钟南山也走上了学医之路。

20世纪70年代末，钟南山赴英国留学。他刻苦学习，在较短时间内取得多项重要科研成果，赢得了国外同行的尊重。学业结束时，面对学校和导师的盛情挽留，钟南山一一谢绝："是祖国送我来的，祖国需要我，我的事业在中国。"

抗击"非典"期间，钟南山和他的研究团队日夜攻关，终于在短时间内摸索出一套行之有效的救治办法，为降低病亡率、提高治愈率做出了突出贡献。

面对很多荣誉，钟南山总说自己不过就是一个看病的大夫。然而，就是这个不平凡的大夫，无论是面对"非典"还是新冠肺炎，始终坚持实事求是，每一次面对公众发声，总能以医者的专业和担当向人们传递信心和安全感。

担当："我们不冲上去谁冲上去？"

从17年前那一句"把最危重的病人转到我这来"，到17年后"抗击疫情，医生就是战士，我们不冲上去谁冲上去？"，钟南山肩上始终扛着医者的担当。

2020年1月18日傍晚，一张钟南山坐高铁赴武汉的照片感动了无数网友：临时上车的他被安顿在餐车里，一脸倦容，眉头紧锁，闭目养神，身前是一摞刚刚翻看过的文件……钟南山及时提醒公众"没有特殊的情况，不要去武汉"，自己却紧急奔赴第一线。

两天之后，1月20日，作为国家卫健委高级别专家组组长，钟南山告知公众新冠肺炎存在"人传人"现象。此后，他带领团队只争朝夕，一边进行临床救治，一边开展科研攻关。

钟南山是一名医生，又不只是医生。每一次面临相关突发公共卫生事件之际，他既有院士的担当，又有战士的勇猛，总是毫无畏惧地冲锋在一线。

仁心："始终站在治病救人的一线"

如今，钟南山仍坚持每周三上午"院士大查房"、每周四下午半天门诊。周围的工作人员介绍，钟南山在冬天会用手先把听诊器焐热，再给病人听诊，给病人看病时会扶着患者慢慢躺下，等检查完之后，再慢慢扶起来。无论病人多大年纪、何种病情，钟南山都一视同仁。他常说："从医几十年，我最大的幸福，是始终站在治病救人的一线。"

医者仁心，往往就从这样一些细节中流露。

面对新冠肺炎疫情，钟南山知道公众需要专业的指引。他不仅发挥自己在病理学、流行病学等领域的渊博学识，就连如何洗手、戴口罩等细节也要亲自示范、普及；当他看到疫情防控难度增加时，苦口婆心地劝诫人们一定要尊重医学、尊重知识、加强自我隔离。

从"以疾病治疗为中心"到"以促进人的健康为中心"，钟南山近年来一直致力于推动早诊早治，构筑疾病的"防火墙"。他提出既要"顶天"也要"立地"——"顶天"就是要抓住国际前沿理念、攻关国家急需的项目，"立地"就是要能解决老百姓的需求，研发出有效、安全、价廉、方便的器械和药物。

"这么大年纪了，不累吗？""治病救人，就不会觉得很累!"钟南山总是笑答，"父亲曾说过，人的一生在这个世界上能够留下点什么就不算白活。"这句话，他一直记得，也一直在践行。

我的故事

我们周围的很多人，包括我们自己可能也有这样的故事和经历，说明理想信念对人的发展和成长的作用。不妨与身边的伙伴分享一下，并用笔写下来。

困 惑 一

理想教育有哪些理论依据？

观点一：人的生命潜能论是理想教育的前提。

人的生命潜能论给我们树立这样的信念：人具有巨大的发展潜能，人是可以造就的，因而人对理想的追求是可能实现的。

脑科学研究表明：人脑有一万亿个脑细胞，其中有一千亿个活动神经细胞，九千亿个"粘着"并隔离活动细胞的其他细胞。一千亿个活动神经细胞都能生长出两万个"分支"，即树枝状的树突。每个细胞就像一台高功率的电脑，每一个细胞与其他细胞相连，沿着一根长长的轴突传送无数个信息。科学研究还揭示人类的智力潜能没有明显的高低之分，只有类别之分（大约可分为八种智力类别）。95%的人属正常智力类型，还有2.5%的人属高智力类型。也就是说97.5%的人具有巨大的智力潜能。近几年关于生命潜能的揭示，不仅有智力潜能，还有身体潜能、情感潜能、德行潜能、智慧（经验）潜能等。

这种对人的潜能的洞察是我们建立科学的理想教育机制和行为的基础与前提。良性的教育可激活人的思维，开发人的潜能；而不良的教育则会压制、扼杀人的思维活动。确立人的潜能的信念对每个教育工作者是至关重要的，这是我们对学生进行理想教育可能的前提。

观点二：人的需要层次论是理想教育的基础。

人的需要层次论提示我们，人的需要不仅是多层的，而且是动态多变的，需要不断引领和提升。理想是和人的需要密切相关的，因为理想是指向未来的并且是可能实现的，因此，人们不仅有了这种愿望和向

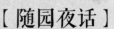

【随园夜话】

我们已经认识到理想对一个人终身成长的意义，以及当前对学生进行理想教育的重要性与迫切性。但是，关于理想教育，我们还有很多困惑。

往，而且在确立了这种理想后，要不遗余力地去追求和奋斗。教师不仅要了解需要是理想和追求的源泉和动力，更重要的是要了解需要的层次和与社会主流价值取向相统一的精神需要的层次，以利于青少年基于需要追求理想的健康发展。

观点三：主体教育论是理想教育的核心。

主体教育论是指生命主体对自己成长和发展的能动的需求，这是一切教育的基础，也是一切教育的出发点和归宿点。苏霍姆林斯基说过，自我教育才是真正的教育。突出人的主体精神，这是人的理想确立的内在底蕴，也是理想教育必须把握的核心。还有一种观点是人的思想品德形成与发展的过程就是理想的形成与提升的过程。

困 惑 二

理想教育可以有哪些具体内容？

观点：从具体内容和"我与其他"划分理想教育。

理想教育的内容划分可以有不同的维度，具体内容可以有生活理想、学业理想、交友（与爱情）理想、审美（与情趣）理想、职业（与事业）理想、社会理想、自然生态理想、人格（道德）理想等。

围绕我与自身、我与他人（含集体或团队）、我与国家（社会）、我与自然等开展理想教育。

困 惑 三

理想教育有哪些途径或方法？

观点：理想教育的八大途径。

南京外国语学校仙林分校中学部通过多年的探索，总结出了实施理想教育的八大途径，分别是理想教育学科系列，班级目标管理系列（高中阶段生涯规划），班会、晨会系列，影视系列，读书系列，报告、访谈系列，参观体验系列，重大事件教育系列。

困 惑 四

理想教育实施情况如何评价？

观点一：评价问题是一个世界难题，要对理想教育的实施情况进行评价，更是难上加难。不过我们要坚持几个原则：

第一，整体性评价。理想教育作为德育工作的重要组成部分，内容广泛，评价理想教育需要有整体观、大局观。第二，团队考评，不妨以班级为单位进行理想教育的考评，不要具体到每一位教师，这样有利于促进班级教师发挥集体智慧，同心协力，齐抓共管。第三，主体性原则。理想教育的主体是学生，所以，必须发动广大学生积极参与。第四，层次性原则。学生的生活理想、职业理想、道德理想和社会理想等方面的理想是层层递进、环环相扣、螺旋上升的。第五，民主集中的原则。综合各方面意见，定性、定量相结合。

观点二：可采取学生评价、年级组考评、学校终评的三级评价方法。

理想教育评价没有现成的标准，学生的精气神、自我认同感、价值感，以及自我目标的完成，可以通过学生自我评价、小组评价或班级集体评价实现。年级组对班级实施理想教育的情况进行常规评估，具体包括实施理想教育的"八大途径"。这样有利于及时发现问题，及时纠正与改进，起到指导和促进作用。同时，利用期中和期末两个时间段进行整体评价，包括学生对班级的评价、年级组常规检查、教师测评等。学校在年级组评价的基础上对班级、年级进行整体性评价，包括学生和家长的评教评学、常规检查、效果呈现等。

我的观点

上述讨论中所提到的困惑，您是否也有过呢？对于读书和教育，您还有其他补充或不同的观点吗？请和我们一起分享吧！

【 问题聚焦 】

班级如何开展理想教育？

通过以上讨论和分析，大家可能会关注这样一个问题，即如何将理想教育落地？无论是学校还是班级，如何将理想教育这样一个看似虚无缥缈又特别现实的话题，变成一个个可操作、可实施的行动？

接下来，主要分享南京外国语学校仙林分校十多年理想教育的实践探索，以飨各位。

班级理想教育实践与思考

韦成旗①

习近平总书记在全国高校思想政治工作会议上强调，教师要教育引导学生"正确认识时代责任和历史使命，用中国梦激扬青春梦，为学生点亮理想的灯、照亮前行的路，激励学生自觉把个人的理想追求融入国家和民族的事业中，勇做走在时代前列的奋进者、开拓者"。

理想是一盏明灯，能给人以方向，指引人进取，能改变一个人的状态。近年来，南京外国语学校仙林分校坚定地提出了理想教育是学校德育的灵魂，是学校"三项中心工作"（理想教育、课改、班改）之一。班级是实施和落实学校理想教育的最基本、最直接、最重要的平台。我们班教育小组关于理想教育进行了如下的实践与探索。

一、对班级理想教育的认识

班级是学校的基本组织单位，是学生在校生活的主要空间，班级教师直接面对学生和学生家长，因此，班级层面上对理想教育的认识尤为重要。

①班级理想教育是班级德育的核心。班级工作，德育为先，班级德育，理想是魂。

②学校理想教育与班级理想教育的关系：顶层与基层，设计与实施，理念与表现，普适与创新。

---

① 提供者：韦成旗，南京外国语学校仙林分校优秀班主任、年级组长，南京师范大学班主任研究中心兼职研究员。

③班级理想教育中的班级理想。一个班级要有自己的追求和目标，并不断内化为每一位学生、教师和家长的共识。特别是连续带班的教师，最好要有自己带班的三年规划、每年的目标、每个阶段的小目标，不断推动班集体的成长。

④班级理想教育中的师表作用。教师也是班级成员，教师要有自己的理想和追求，为学生做好示范，其理想追求也会成为学生的精神追求。

⑤班级理想教育的目的是促进学生自我教育。班级理想教育就是以学生已经形成的思想品德为基础，提出一定的奋斗目标，监督自己去实现这些目标，并评价其实践的结果，以不断完善自我的过程，变"需要我"为"我需要"，变学生被动发展为主动进取。

二、班级理想教育的实践

班级要在学校理想教育框架下，结合班级实际情况形成班级理想教育的具体操作流程。

1. 确立核心价值取向

理想教育首先要解决教育学生成为什么样的人，是卓越的人还是平庸的人？是对社会有用的人还是给社会增加负担的人？是积极的人还是颓废的人？……这就是价值观念的问题，是理想教育的内核。

我们班确立了"做个好人"的核心价值观（即班训）。何谓"好人"？"好人"就是要不断求真、向善、爱美、务实（即班风）。具体地讲，就是对己，健康、乐观、进取；对人，学会尊重，懂得感恩；对事，独立思考，明辨是非，追求更好；对世，学会利他，注重协调，懂得适应。我们班为引导学生争做"班级好人"，提出了六句"班级语言"。

2. 引导学生自我认知

初中生都是未成年人，是"三观"形成的关键时期，引导这些孩子积极、正确、全面自我认知是这个时期的一件大事。一个不了解自己的人是很危险、很可怕的，不了解自己还对自己的远大未来夸夸其谈，结果会怎样？理想只能是空中楼阁，最终成为空想。

我们班开展了"认识我自己"活动，其中，要求学生画出"自画像"，列举出自己已有的好习惯、好品质、优点、特长等阳性指标，还要列举出"我需要养成的好习惯""我有哪些不足"等阴性指标，听听"同学眼里的我""老师眼里的我""老师心中的我""家长眼里的我""家长心中的我"。另外，我们班还进行了两届"班级之最"的评选，即每位同学根据自己的发展情况选择在全班范围内最突出的一个方面进行申报，同学之间互相比较，班级终审。这些都是在引导学生进行自我认知，大胆发现、发扬自己的长处。我们提倡扬长避短。

我们班曾经有一位同学在刚进初一的时候对自己的缺点"如数家珍"，对自己有哪些优点"浑然不知"，自然地把自己当成了"破罐子"，经常"破摔"。这显然是自我认知出了问题。一个人怎么可能没有优点？但是他自己看不到，因为周围的人经常"叠加"其缺点，那些闪闪发光的优点被"掩埋"了。试想，这样的人还有什么理想可言！长此以往，恐怕生活的信心都要"大打折扣"。经过一段时间的引导和调整，如今这孩子找到了自己身上的诸多优点和长处，如很诚信、懂礼貌、够义气、头脑不笨、热爱运动、很孝敬老人等，还制定了"长大后当一名特种兵"的理想。

时刻清醒地认识自己是实现个人理想的每一个新起点。

3. 树立成长的"里程碑"

心理学家曾经做过一个实验：组织三组人，让他们分别步行到十公里外的三个村庄。第一组人既不知道村庄的名字，也不知道具体的路程，他们被告知跟着向导走就行了。刚走出两三公里，就开始有人叫苦；走到一半时，有人愤怒了，他们抱怨为什么要走这么远，何时才能走到，有人甚至坐到路边再也不愿走了。越往后，他们的情绪越低落，最后到达目的地的人寥寥无几。第二组人知道村庄的名字和具体的路程，但路边没有里程碑，他们只能凭经验估计自己走过的距离。当走到全程一半时，大家觉得有点累；走到全程的四分之三时，大家的情绪已经很低落，觉得疲惫不堪，而路程似乎还很长；直到最后有人说"快到了，快到了"，大家才又振作起来，继续向前。第三组人不仅知道村庄的名字和路程，而且公路旁每一公里就有一块里程碑。人们边走边看里程碑，每缩短一公里大家便感到一阵快乐。行进中，他们用歌声和笑声来消除疲惫，情绪一直很高涨，所以很快就到达了目的地。

三组人面对的是相同的路程，可他们的行进过程却迥然不同，这种巨大的差别是因何形成的呢？是目标吗？他们都要到村庄去。是工具吗？他们都在步行。是距离吗？都是一样的十公里，尽管有人清楚有人不清楚。我想，决定性的因素是里程碑。正因为缺乏里程碑，第一组、第二组人很难了解自己努力的成果，他们自然越走越累，情绪越来越差。反之，有了里程碑，第三组人就清楚地看到了自己的成绩，每经过一块里程碑，他们就获得一点成就感，从而更有动力向前走。

这则故事告诉我们，一个人有了理想，了解了自己还不够，必须要树立起一个个"里程碑"，也就是要有大目标、中目标和小目标（或远期目标、中期目标和近期目标）。

我们班重视学生的目标管理。从班主任到每一位同学都要认真制定近期目标（通常以一个月为周期），目标内容包括学习、生活和工作，学习目标要有分数、层次和赶超对象三个指标，填写目标正、副卡，公示上墙，张贴到桌。制定目标时要征求牵手老师和家长的意见，在目标周期内学生、牵手老师和家长可以根据学生努力的状况调整目标内容，力求"跳一跳，够得着"。一个目标周期后，由学生、牵手老师和家长共同考核，确定是否实现这一阶段目标，根据递进色换卡，进入下一个目标周期，通常一个学期换卡三到四次。在学生进行目标挑战的过程中，班主任注重发现典型，树立榜样，为更多的学生提供更多的"里程碑"。

4. 培养学生服务意识

现在很多孩子容易好高骛远、自以为是、自私自利，这些大多是独生子女身上容易出现的问题。也有孩子"官瘾十足"，这是社会的阴暗面所带来的不良影响。学校是比较纯洁的地方，学校教育应该以正面、积极的教育为主，倡导服务意识。当今社会是服务型社会，强调"我为人人，人人为我"的观念。每个人在追求自己理想的同时，不应该损害他人利益，和他人应该是互助的、彼此服务的。每个人在集体里不仅要为自己负责，而且还应该为集体分担一定的事务，承担一定的责任。

为此，我们班基本实现"人人有事做，事事有人做"，由全班43名同学将班级58件事全部承包到位，以此引导学生多做事，指导学生会做事。在班级运行过程中，强调"干部没有大小，只是岗位不同"，每个人都有自己的岗位，这就是属于自己的舞台，每个人都可以，也应该在自己的舞台上"尽显风采"，演绎属于自己成长道路上的"精彩"。班级倡导没有"高官"，没有"特权"，"服务面前人人平等"，自主制定有关管理规定。

5. 开展班级主题活动

有人说，没有活动就没有教育。的确，任何教育都是在一定的情境中发生的。首先，班级要将学校开展的活动结合班级实际做实、做好，追求活动效果的最大化。另外，近几年来，我们一直坚持"家长讲堂"和"心系华澳，关爱听障儿童"两个主题活动。邀请家长进班为孩子们做讲座，讲专业知识，谈人文科学，聊成长体会，从而拓宽了孩子们的视野，引领孩子们成长。通过走进华澳，了解陈卉老师的非凡人生，接触听障儿童，了解聋儿知识，协助聋儿康复，帮助聋儿家庭等，体验不一样的生活，体会不寻常的人生，承担社会责任。当然，设计班级理想教育的活动可以是即时的教育活动，也可以是长期的主题活动。

6. 实施多元评价激励

教育的目的在于唤醒、激励和鼓舞。在这个过程中，对学生的评价显得尤为重要。对学生发展的评价应遵循四个原则：第一，发展性，即评价的目的应该能够促进学生发展；第二，多元化，即评价的内容应该是多维度的；第三，多样性，即评价的手段多种多样，不是单一的；第四，适时性，即评价的时机要恰当，不是随意的。

我们的学生评价可分为三项内容：

第一，学期末进行"彩虹奖"评选，即中学部学生多元评价，评选"校级彩虹综合奖""校级彩虹单项奖""年级彩虹奖"。

第二，学期中进行"班级之最"评选（第一学期中，班级单项奖），以及"班级好人"评选（第二学期中，班级综合奖）。

第三，各学科老师有计划地使用"彩虹卡"，口头夸奖、竖个大拇指、点头肯定等方式的评价贯串平时。

有时老师一次恰当有效的评价就像给学生注射了一针"兴奋剂"，

能强有力地激起学生发展的热情。

三、对班级理想教育的再思考

"理想"一词在《现代汉语词典》中有两种解释：一种指对未来事物的美好想象和希望（多指有根据的、合理的，跟空想、幻想不同）；另一种指符合希望的，使人满意的。因此，我认为对学生进行理想教育首先要把握两个要点，一是有根据的，二是合理的，否则就是空谈。"有根据的"应该基于学生个人发展背景，包括学生的兴趣、特长、智力和非智力因素、家庭情况等方面；是基于学生每个发展阶段的"现实自我"，不是"想当然"。"合理的"特别强调"里程碑"的作用，即目标的制定和管理。

其次，对学生进行理想教育特别强调核心价值观，这是理想教育的灵魂。可以想象，一个没有正确价值取向的人，其理想越大或许对社会的危害也越大。

最后，班级理想教育应该是全员、全面、全程的。全员指班级所有学生、老师和家长都要有理想，要重视学生的主体作用。全面指核心素养。全程指通过"八大途径"，把教育工作不断深化、细化，关注学生的未来发展。

在班级层面对学生实施理想教育，是教育人的使命与担当，势在必行，大有可为。

谈理想教育

钱铁锋[①]

学校把理想教育作为学校三项中心工作之一其实已经很多年了。最早提出的是理想教育，课改和班改则相对迟一些。

综观整个社会，我们国家"文革"以前，理想教育在学校是相当

---

① 解读专家：钱铁锋，南京外国语学校仙林分校原校长，南京市基础教育专家。以上内容根据钱铁锋校长接受"中学理想教育实践的创新研究"课题组集体访谈记录整理（节选）而成。

受重视的。而且不仅是学校，所有行业对理想教育都非常重视。1949年新中国成立以后大家的工作、学习、生活热情都极其高涨，那是对社会非常明确的态度。大家想要建立一个新的社会，所以表现出了现在的人们都很难想象的热情。那个时候，理想教育在我国发挥了主导作用，树立了雷锋、焦裕禄、王进喜等一大批典型。那个时期，整个国家一二十年的时间里，都是理想主义在支持和鼓舞全国人民进行国家建设的。而"文革"之后，甚至到现在，人们可能不太像以前那样谈理想，变得比较功利。

第一，我认为任何一个国家、一个行业，包括一所学校，甚至每一个人，要想使自己的事业得到很好的发展，理想主义都是非常重要的。做教育的人，如果你没有理想，没有激情，工作就很难办。试想一下，我们一大批人来仙林为了什么？待遇并不高，有些甚至都不如原来所在的学校所提供的。来这里，是因为教育理想在吸引我们。众所周知，民办学校受干预比较少，可以按照我们自己的教育理念做一些事情，特别是在目前这样的教育大背景之下。

任何人做事情都要有自己的理想，对此我们可以举很多例子。比如，为什么大家都喜欢看奥林匹克比赛？因为它是一个树立目标，然后为了实现目标付出全部努力的过程。它注重的是过程，是参与。那些运动员参加任何比赛，哪怕处于最后一名，都会坚持到底。为什么？因为他们有一个目标——运动员的理想就是参加奥林匹克比赛，并且赛完全程。最近有语文老师开课"热爱生命"，学习杰克·伦敦的短篇小说，小说讲述的是淘金工人在路途上饥寒交迫，与饿狼殊死斗争的过程，正是凭借对生命的热爱，淘金工人才坚持到了最后。这篇小说是列宁去世之前在医院里经常叫夫人读的小说，因此他受到了很大的鼓舞。在汶川地震中，类似的事情很多。为了生命，为了自己的理想，不顾一切坚持下来。很多这样的例子都很平凡，却让我们看到了不平凡的力量。

一个人只要确定了理想，生活就会充满阳光，他的工作学习就会有无穷无尽的动力。如果一个人没有理想，真的是一件很难想象的事情，就没有动力。现在很多志愿者服务的环境非常不好，也没有报酬，却都心甘情愿地去做公益。这是我们现如今很多年轻人无法理解的事情——

他们为什么这么傻，要做这些事情？这其实是一种理想，是他们人生的一种追求。在他们看来，能够为别人贡献一分力量，这就是人生最大的幸福。为此，他们能够克服一切困难，什么都无所谓。像这样的理想，在当今的年轻人身上是非常缺乏的。我觉得人类产生以后，形成人类社会，每一个个体都处在一定的生产关系、人际关系中。除了自己要去奋斗、竞争、生存以外，一定还需要跟大家友好相处，共同抵御困难，要有一种利他的信念。

我们搞教育的人，应该首先使我们的学生拥有一种自然的属性，社会的本性。"人之初，性本善。"人都有爱美向善的本性，我们应该把人的这种本性发掘出来。但现在几十年的时间里，舆论却给了我们很多误导。我认为当今社会有五大顽症：收入两极化、腐败、环境污染、较低的公民素质、应试教育。我们就说应试教育，它从20世纪90年代开始到现在，已经产生了很多负面的作用。目前这样的环境下，学生受到的负面影响太大了，即便谈理想，也附加了很多个人色彩。我们不否认个人色彩，但是人不光是为自己而活。我们客观审视现在学生的生活、学习情况，会发现真的太功利了，很多孩子小小年纪就觉得看破了社会和人生，父母让他学就学，今后上大学，找好的工作，找好对象，多拿点钱，对这些他们都直言不讳。如果大家都这样想，整个社会就真的很可怕。人生不应当只包含这些东西。时代的进步，社会的发展，是全世界很多人为了一些崇高的理想而共同奋斗的结果，在奋斗的过程中个人利益会得到相应的体现，但绝不能只考虑个人的利益。

一些社会的顽症，包括教育上的失误，使我们的社会教育、家庭教育的负面影响远远大于学校的正面教育。基础教育的对象是六岁到十八岁的儿童和青少年，因此一定是以正面教育为主，这个原则我们应当很清楚。与之相区别的，大学则应当兼容并蓄。如果大学只是以正面教育为主，不告诉大学生一些社会的阴暗面，那是没有道理的。基础教育针对学生处于发展期、成长期的特点，就应当以正面教育为主，告诉学生一些美好的东西。如果他们的心中没有美好的事物去追求的话，是很可怕的。没有目标去追求，就无法产生持久的动力，也就是我们所说的阳性刺激。我们都知道，只有阳性刺激才是持久的，才是具有创造性的。

而阴性刺激不是持久的，不大具有创造性。教育中应当很好地利用这两类刺激。

总之，如果没有理想，社会便无法发展，人就没有决定性的动力，那么做任何工作都会很困难。如果没有理想，我们的学生就会事倍功半，花很多力气可能还学不好。试想，学生如果不想学习，那你给他补课或做很多其他工作，会费很大劲却收效甚微。我觉得我们解决问题要纲举目张，而这个"纲"就是理想教育。我们的德育工作，包括学校整体的教学工作，首先要把理想教育抓好。

第二，理想教育中，我们前几年比较偏向于谈进取心，我觉得这是正确的。同时，对真善美的追求，也是理想教育中很重要的一部分。如果我们的学生对真善美不清楚，也不去追求，就会形成很功利、很市侩的风气。社会是有两面性的，虽然我们经历了很多阴暗的一面，但在光明面和阴暗面中，光明面是主要的。像现在的志愿者，他们不是一夜之间出现的，是社会发展到现在，有了这样的契机之后出现的，是人性的一种体现。所以我们应当强调真善美，让学生认识真善美，同时自己也能在从事职业的时候有一种幸福感。我们引导学生追求真善美，这也是一种理想教育。要热爱生活，要去追求美好的事物，要热爱生命——我们要把这些对生命和美的教育与理想教育结合起来，我们要把理想教育的思路拓宽，而不仅仅只讲进取心。

第三，关于教师。首先我觉得我们的老师都应该有理想。中国的教育行业和其他行业有很大区别。三百六十行中的绝大部分行业是和物质产品打交道的，而和人打交道的行业并不是很多。比如商店里的售货员虽然是和顾客打交道，但他们真正的目的是要将货物卖掉，换成货币，在此过程中才去注意如何与顾客打交道，处理好关系。再比如医院里的医生，是从生理角度为病人治病的。作家、艺术家等虽然也是和人打交道的，但是塑造人的灵魂、传承社会文明的，唯有教育。因此，我觉得教育真的是一项非常崇高的事业，从事这样的职业真的很光荣。蜡烛精神是很伟大的，我们应当对教育有正面、阳光、浪漫的看法。不要把做这份工作看作是替人作嫁衣，不要看得如此悲观，要知道从事这个行业是非常有意义的。这就要求我们做教育的人要有理想。我们所培养的学生将来是社会的接班人，是在若干年之后才进入社会的。我们做教育的人要高瞻远瞩，要能看到现在社会和将来社会对学生素质的要求。如果我们现在做的只是很功利地教他们，他们将来怎么能适应社会发展的需要？中华民族要自立于世界民族之林谈何容易？我们现在很多方面是落伍的。之前看过一篇文章，说我们的制造业很可悲，核心技术很少。我们现在在航天方面是不错的，但在大量的基础建设方面的技术还比较落后。像很多的电子产品，我们投入那么多，费了那么大劲，最后得到的分成是很小的。我们整个社会的国民生产总值增长很快，这是不可否认的。但另一方面，在技术、文化层面还拿不出多少创新的东西出来。事物的发展、社会的发展，一种是量的积累，一种是质的变化。改革是谋求质的变化，是为了更好地发展。我们在做教育的时候一定要有这样的眼光。我主张做教育的人要有眼光、良知、勇气、智慧。

我曾经说过，教师的发展分三个阶段，教书匠—教师—教育家。我们的老师能不能树立理想，力争成为教育家，我认为那并不是高不可及的，只要你有自己创造性的观念，并且取得了成果，那就是教育家。我认为从我们的班级管理体制开始，整个基础教育都可以大胆怀疑、大胆创新。我们在目前的形势下是大有可为的。

对于我们的老师而言，理想教育是有很大舞台、很大空间的。比如我们讲课改，在教学中，你可以创立你自己的教学论、教学方法。德育工作也是如此，从班级平台开始，与同行交流会发现内容很贫乏，无非是抓常规、抓纪律。有一次玄武区的几位校长来我校进行德育的研讨，发现我们对德育工作理解的范畴真的比他们很多学校要大得多。像我们所讲的民主意识的教育，包括其他很多方面，都是德育的内容；再比如竞争与合作意识的教育，要给别人帮助，世界是共生的，是双赢甚至多赢的；此外还有法制教育、团队精神教育、环保思想的教育，养成教育中讲道理、有教养、有风度、有气质，等等，这些都是我们德育的内容。

总之，理想教育有非常大的空间，可以有很多作为，有很多文章可做。我们在思考这个问题的时候视野要开阔，否则会把它搞得很呆板。同时，不要把理想教育看作是在云端的产物，要脚踏实地地去做理想教育。任何一门学科中都有很多理想教育元素，关键在于你怎么理解，怎么去做。比如语文课、政治课、历史课等可以在理想教育话题上做得非常精彩。理想教育的开展寄希望于大家。

理想教育在中德合作办学项目中的探索

杨秀梅①

我认为，理想教育要符合学生身心发展的需要，要能让学生积极参与，乐在其中，获得成就感和幸福感。理想教育要取得成效就必须遵循学生的成长规律，顺其自然，引起学生内心共鸣。

我们教育小组理想教育的对象，是南京外国语学校仙林分校国际高中部中德班学生。该班是中德合作办学项目在中国的首个中德高中课程班。学生在中德班学习一年，通过德语水平等级B2考试后，前往德国继续读高中。

理想教育可以从很多方面来思考，我们主要关注两点：一是对学生进取心的培养，主要体现在目标意识的培养；二是引导学生追求真善美，逐步完善人格。

我们进行理想教育的有利条件是，大家学业上的目标很明确：通过中德班一年的学习，去德国上高中。那么，同学们以什么样的心态去德国，能否做到求真、求善、求美，这是我们老师要用心去引导的。

根据在中德班进行的近三年的理想教育实践，我认为，进行理想教育要遵循三个原则，抓好一个保证，重视组织支撑。

一、理想教育的三个原则

1. 自然性原则（顺其自然）

能到中德班的孩子都是有追求的，这是他们的自然状态。这个年龄

---

① 提供者：杨秀梅，南京外国语学校仙林分校国际高中部教导处副主任，中德合作办学项目负责人。

段的孩子处于青春期，内心向往自由、民主，对真善美有追求。这更让我们老师认识到自己的责任，我们所有的工作都要适应孩子的特点，得到孩子的喜欢、认可。同时，我们也从他们身上学到很多。譬如，2012届中德班要做成长纪念画册，当同学们在讨论画册的名字如何才能体现出我们的特色时，李名婕同学的创意得到了大家的认可。她用五种颜色来描绘中德班的特色，红色代表激情，橙色代表活力，黄色代表智慧，绿色代表友爱，蓝色代表进取。我们精选出这一年的照片，就按这五种颜色的寓意来归整成册，这就是画册《五彩中德》的由来。顺应孩子的特点，发挥他们的长处，他们有了出众的表现。

2. 自主性原则

我们中德班的舞台是孩子们的，生命发展的主动权在孩子们手中，我们所要做的是处理好自主与引导之间的关系，合理地引导。学生讨论后自主制定了班风，自主确立了班级目标，自主决定了班级特色。在自编、自导、自演话剧《美人鱼》时，孩子们自己提出邀请外教参与演出，并主动教外教用中文说台词，自编、自导、自演的德英双语话剧《死亡舞者》在外语节演出时又一次引起轰动。

3. 体验性原则

任何教育光是说教是不行的。学生进取心的培养和学生对真善美的追求，都是需要他们亲身去体验的。我们要做的是搭建平台，创造条件，鼓励学生参与实践。譬如，"德国文化"在中德班不再是一个遥不可及的话题，而是一次次课堂里师生间、同学间的交流活动，是复活节学生亲手绘出的五彩斑斓的彩蛋，是圣诞节在外教带领下学生所烤制的圣诞小饼干，等等。在国际高中首届美食节上，孩子们体验了做美食的快乐。当他们亲手烹制的食品被其他同学一抢而光时，他们获得了成就感，也体验到了集体凝聚力的强大。在校外，孩子们通过参与各种社会实践，也有了各种各样独特的体验，正如2011届班长宗楚珺在成长纪念册中所说：

义工服务社会

走向社会的路途之所以艰辛，是因为我们在成长的同时必然要在肩上担上沉甸甸的责任。服务社会，积极参加社会义工，在为社会尽己之力的时候，我们也收获了许多，那是实践所得，是买不来的财富。

同学们在假期到社区教小朋友英语，此外，还到养老院、到图书馆、到地铁站做义工……在家长的帮助下，不少孩子还参加了红十字急救员培训，拿到了急救员证书。实践使孩子们在社会生活中真正体验了"赠人玫瑰，手有余香"的快乐，体验了向善、向美的幸福。

二、多元化评价

多元化评价是理想教育成功的保证。

发展性评价，尤其是对少年儿童的发展性评价，追求的首要价值并不是客观性、准确性和公正性，而是它对学生的教育作用。这种评价应该是充满温馨的关怀、真挚的信任、殷切的希望、热情的鼓励，而不应该成为居高临下的、冷冰冰的"评判"。因此，为了达到对某个学生的教育目的，根据其具体的心理特点而采取的某些不完全"客观"的、不那么"准确"的、与其他学生比较起来可能不那么"公正"的评价，也是允许的，甚至是必要的；反之，如果不利于具体评价对象的身心发展，哪怕再"客观"、再"准确"、再"公正"的评价，也是必须摒弃的。

每个学生都有自己的独特个性，每个人都是唯一的，他们相互之间存在着差异。以下是中德班多元化评价表。

姓名	荣誉称号	姓名	荣誉称号	姓名	荣誉称号
徐纬坤	钢琴王子	吴丹蕾	自强松木	谢宇杰	乐观人士
王艺凝	文明学生	吴清雨	劳动标兵	章方星	空手达人
王纪庭	演讲高手	张逸伦	文史小子	刘沛然	勤奋女生
叶听雨	助人能手	邹嘉澍	板报高手	杨晓慧	自主学子
高子夕	英语达人	徐浩源	运动健将	应皓韫	优秀编导
王卿沣	谦和学子	张远琦	笑声之王	金睿	电教大师
朱力君	助人天使	储静懿	演讲高手	梁明慧	环保卫士
赵冰涵	闲适达人	谢亦忱	文化使者	唐子童	文静学子
廖伊麟	中德食神	李名婕	文明学子	陈阳	五环学子
赵骏彦	中德歌神	王振霖	幽默大师	俞雅闻	演讲高手
顾博元	道具管家	蔡倩如	音乐达人	邱天恒	羽球精英
何昕珉	环境卫士	卢宛婵	乐观达人		

三、教育小组的合力

中德班教育小组成员的集体努力是我们进行理想教育的组织支撑。

理想教育之所以在中德班推进得比较好，一个重要原因是，我们教育小组成员的全体参与：学生代表的参与、家长代表的参与、生活管理教师的参与、所有任课教师的参与。我们有一个团结的、群策群力的教育小组，使我们在对学生的理想教育方面走得扎实、有效。

理想教育在中德班初见成效。下面这段话就是我们2011届中德班学生孔德懋在人人网上发布的"说说我们的中德班"：我觉得一个好的班级少不了团结的同学以及负责的老师。这两者缺一不可。而中德班无非是这两者都幸运地拥有了。老师有孜孜不倦的责任心，学生有积极向上的团结心。如此才能有诸多的成就以及荣耀。

中德班已然成为历届中德班学生的精神家园。

实施理想教育的新途径 ①

张国其 ②

【 实践探索 】

我校自2003年创办以来，在钱铁锋校长的极力倡导下，学校把理想教育作为德育工作的核心，力求使理想教育化大为小、化虚为实，充分利用校内外教育资源，以活动为载体，对学生全面实施"体验式"教育。为使这项工作深入开展，学校还专门成立了理想教育课题组，课题研究也得到了上级教育部门的高度肯定，课题组成员按照课题进度的要求，在班级实践中积累材料，总结经验，把有效做法总结出来再指导班级实践，课题组目前编辑的中学理想教育系列丛书有：《理想教育大课堂之晨会篇》《理想教育大课堂之学农篇》《中学理想教育实施纲要》《实践与研究之"理想教育"专辑》等。经过几年艰难的探索和实践，中学部寻找到了一种有效的理想教育操作模式，总结出了八大理想教育实施途径，分别为：班级目标管理系列（高中阶

---

① 张国其. 实施理想教育的新途径 [J]. 中国德育，2012（22）：33-36. 略有改动。

② 提供者：张国其，南京外国语学校仙林分校中学部校长助理，南京市德育带头人。

段生涯规划），班会、晨会系列，影视系列，读书系列，报告、访谈系列，参观体验系列，重大事件教育系列，理想教育学科系列。通过这八大途径的有效实施，学生得到实惠，实践证明这是高效率的理想教育新途径。

一、班级目标管理系列（高中阶段生涯规划）

1. 初中学生目标管理

每学期开学初，根据学生特点，制定出符合学生自身发展的近期、中期、远期目标，目标力求多元化，如涉及学习、习惯、能力、艺体、劳动、品德等方方面面，并规范地写在卡片上。有的学生制定学习目标，对学科提出发展要求，也有的学生关注个人特长，对特长发展进行合理规划。形式多样，体现学生多元发展。每名同学要求设置正、副两张卡片，正卡张贴在墙上进行展示，副卡贴在桌上时时提醒自己。目标制定出来后，教师要时时刻刻帮助学生达成目标，具体做法是3—4名教育小组成员牵手学生，每位老师必须了解所牵手学生的目标是什么，并在过程中加以指导，鼓励学生向着既定的目标奋进，坚持不懈，同时提醒学生时常自查目标，对于实现目标的同学给予肯定，进行表彰，达标后的目标卡放入学生个人成长记录袋，再制定新的目标。不达标的学生，教师要帮助学生分析原因，重新调整目标，再跟踪教育。这样可操作性强，能激发学生完成自定目标，面向全体学生的教育理念得以贯彻。现今初中学生目标管理已实施了三年，从每学期学生座谈会和学生评教中，能够强烈感受到学生对目标管理高度认可，从中获益较大。

2. 高中生涯规划形成系列化、体系化，取得进一步突破

中学部于2008年11月成立了高中生涯规划指导中心，明确要求高中学生在教师指导下，从高一开始制定三年的生涯规划，规划从认识自我、学习力评价和综合素质三方面进行考查，具体内容包含：（1）学校制定生涯规划的成长手册。（2）组织学生到人才市场调查了解情况。（3）每年召开一次模拟人才市场招聘会，比如在学校图书馆二楼举行高一年级模拟人才市场招聘活动。四十多位家长代表各自的单位和公司，和所有高一学生进行互动交流。高一每班学生手持自己精心制作的简历进行模拟应聘，活动后，所有高一教师也对全体牵手学生进行谈

话，进一步深化了活动成果。（4）生涯规划心理指导，开展以"正确认识自我"为主题的活动，在学生生涯规划的制定上，强调了以学生自我设计为主，家长、老师给予指导，真正做到"三力"合一。（5）走访成功人士。（6）与当代大学生进行对话。（7）对毕业校友进行访谈及召开校友见面会，学生和家长对此项工作表现出了极大的兴趣和热情。

二、班会、晨会系列

各班每月召开一次理想教育主题班会，班会主题要明确，要有具体的实施方案，教育过程要突出理想，每学期4次主题班会，初、高中段各3年共24次。这是常规要求，学生在潜移默化中得到世界观、价值观、人生观的教育，坚持做下来，效果很明显。同时要求每学年推选出一批理想教育主题班会进行展示，要求展示活动有材料、有过程、有教育痕迹、有学生反馈。比如：2008—2009年学部集中开展了班队会的展示活动，出现了《理想与梦想》《放飞理想，我心飞翔》《舞动生命，放飞理想》《与许三多同行》等优秀的理想教育主题班队会。我们将班队会归纳为访谈型、规划型、影视型、活动型等模式，从而丰富和完善了班队会。同时我们观摩交流了如"青春畅想曲""走好人生第一步""我的未来不是梦""伟人的故事"等。从开展的班会课来看，形式由单一变得多样，内容由枯燥变得丰富，主角由教师变为学生。如初一年级"理想在我身边"主题班会，给人印象很深刻，开场时学生在古筝伴奏下齐声朗诵《理想之歌》，然后用快板的形式谈理想的困惑和对偶像的崇拜，接着人物访谈把班会推向高潮，他们邀请中德励志班班长和南京师范大学的学生会主席分别谈自己的人生理想，学生听后感觉理想并不遥远，榜样就在身边，全程由学生主持，全体学生共同参与，班会在轻松愉快中结束，学生反馈的效果很好。

晨会是进行理想教育的阵地之一，我们改变了以往单一说教的方式，从内容到形式不断创新，根据青少年心理特点，利用音乐、美术等手段，充分调动学生的视觉、听觉等各种感官，让学生在每一次晨会上多一分感动，多一种体验，多一种教育，把理想教育融入学生生活的点点滴滴之中。我们既关注国家大事，也关注身边小事，从纪念抗日战争胜利六十周年到喜迎祖国六十华诞，从"神六"上天到奥运成功举办，从自强不息的青年洪战辉到盲人运动员等，这些鲜活的事例，让"爱、责任、创造、憧憬"成为师生永恒的精神追求。

三、影视系列

影视教育是学生最喜闻乐见的教育形式。因此，我们规定每两周班级组织播放励志影片一次，主要安排在周日晚8：00—9：30，各班每学期播放电影近10次。2009年3月学生处经过多次研讨，初步形成了我校的影视教育资源库，储备了200多部精选影片，并按照播放的种类将其分为红色经典、励志人物、科幻动漫、感动瞬间、历史记录五个主题。学生观看后要谈体会和感想，大家共同交流心得。以影视教育为重点，开发影视教育资源库，使之逐渐系列化。我们播放了《挑战者姚明》《盲人吴晶的故事》《变形记》《百家讲坛——于丹〈论语〉心得》《世贸中心》《东京审判》《交通安全教育片》《离开雷锋的日子》《生命起源之学生青春期心理调节》《第九届国际大专辩论赛决赛》《汶川大地震央视大型赈灾义演》《一球成名》《居里夫人》《安全教育展播》《二泉映月》《高考1977》《渡江侦察记》《建国大业》等视频，部分年级还初步实现了根据自己的特点播放影片，比如高中还播放了有关《留学生生涯》《南京！南京！》等。还有部分班级被定为影视教育试点班级，根据班级特点，结合影视教育，开展具有特色的班级活动。

四、读书系列

利用课外时间，组织学生到阅览室、图书馆看书读报，班主任负责安排专人指导，另外学校开列人物传记和名著书目，学生根据自身喜好，每学年自选1本人物传记和1本名著，中学6年，每位学生读6本人物传记、6本名著。利用读书节，要求同学走近大师，品读经典，每班确定一位作家作品，并以"好书伴我成长"为主题开一次班会。各年级阅读作家作品如下。初一年级：钱锺书、老舍、海明威、巴金、冰心、鲁迅、朱自清、金庸、伏尔泰、老舍、刘墉、朱自清。初二年级：苏轼、安徒生、余秋雨、鲁迅、海明威、冰心、爱因斯坦、曹文轩。高一年级：雨果、余光中、郁达夫、鲁迅、毕淑敏。高二年级：莫泊桑、王安忆、老舍、鲁迅、司马迁、席慕蓉。

五、报告、访谈系列

请学者、成功人士、有识家长、教师及学生定期到班级作励志报告，每学年4次专题理想教育报告会，拓展校内外教育资源，学期前安排好时间、地点、报告主题。各班级利用访谈形式，组织班级活动，开展理想教育。要求访谈有影响的人物，每学年做大型访谈4次。如我们邀请盲人小诗人肖毅、抗日老战士、十运会女子单打冠军等到校并对他们做了专访。2008年，我们进一步丰富访谈系列的内容，建立多层次的立体访谈体系，突出两个层面的访谈：一是结合重大时事的访谈，2008年5月学生会代表组成访谈小组到向守志将军家采访，他的爱国热情和崇高理想感染了在场的每一位学生，访谈时拍摄了视频，向全体学生播放。同年9月我们邀请女子举重奥运会冠军陈艳青到校，利用晨会时间采访了她，在学生中引起了震动。2009年4月我们请来了在汶川大地震抗震救灾中做出突出贡献的中国"首善"陈光标先生，六名学生代表对他进行了深入细致的访谈，并将访谈对话的内容录制下来，在影视教育时间播放，学生反响很大。二是贴近身边的人和事进行访谈，学生会邀请了钱铁锋校长畅谈自身的教育理想和追求，高一年级还邀请了已经毕业的六名优秀校友到校交流，这种贴近生活的访谈，取得了良好的效果，进一步拓宽了访谈的渠道。目前我们已经建立了社会名人、优秀校友、校园精英、励志家长等立体访谈体系。

六、参观体验系列

组织学生走出校园，走向社会参加实践活动。常见的有爱心援助活动、学生支教活动等。如：初一年级每年到安徽贫困地区体验生活，磨砺意志；初二年级到溧水东庐中学开展帮扶活动；高中年级到民工学校进行支教活动；除此之外，我们还与南京盲人学校结对，定期互访，增强了解，与南京中医药大学和南京师范大学个别贫困大学生结对，到高楼门康复中心照顾老人。这些活动学校一直坚持了下去。

军训：起始年级学生入学训练活动。

春游、秋游活动：以年级为单位，秋游每学年定一个地点进行校外活动（雨花台、大屠杀纪念馆、科技中心、博物馆、植物园、紫金山、明成墙等），年级自选一个游玩地点。春游开展远足活动，学生步行25公里，活动目的是培养学生吃苦耐劳精神，磨炼意志。

七、重大事件教育系列

重大事件教育是学校德育的重要组成部分，每年在国家或国际节日到来时，学部开展系列活动来庆祝或纪念，如端午节、中秋节、春节、国庆节、五一劳动节，还有国家大事和社会热点问题，抓住时机，利用晨会和班会加以教育和研讨。学部抓住庆祝祖国成立六十周年契机，开展了一系列活动：画一画——我爱我的祖国长卷壁画；拍一拍——拍南京景色，进行了一次摄影图片评比展览；看一看——观看国庆阅兵式群众游行、国庆晚会、红色经典片；写一写——一篇感想，每班交2篇优秀文章进行评比并网上发表；唱一唱——必唱国歌，另选1—2首歌唱祖国歌曲，各年级进行了红歌比赛；说一说——利用夕会讲革命先烈故事。形式多样，学生喜闻乐见，教育效果明显。

八、理想教育学科系列

凡是在教学过程中，能唤醒学生的自我意识，培植学生的主体精神，激发学生的生命潜能，引导学生确立志向、自定目标、规划人生，从而能自主、自觉、积极、主动、健康地生活的教育过程皆为理想教育。在实际操作中我们的教学目标制定要体现以上特点，要求每节课要有理想教育目标，教学过程中要挖掘理想教育元素。2008年学部根据各学科的特点，汇编了《学科理想教育目标与结合点的研究》，对各学科实施理想教育起到了指导作用。学科系列是理想教育主渠道，目前任务仍然很艰巨，我们要不断在实践中探索。

新时期中学生的理想教育具有鲜明的特点，主要表现在两个方面：一是我国目前正处在一个重大的社会转型期。社会转型，会给人们的价值观、人生观、世界观带来深刻的影响，也必然对青年学生的理想形成产生巨大的影响。二是中学生正处于人生成长发展的关键时期，他们的生理发展和心理发展都有显著的特点，即正处在逐渐从稚嫩走向成熟的过渡期。在这期间，他们的身体发育趋于完全，思想水平不断发展，知识基础逐渐充实，自我意识日益强烈。更重要的是他们的人生观、世界观将初步形成。从这两方面的特点来看，抓好中学生的理想教育既是

"当务之急"，又具有"百年大计"的特殊意义。我们每位学生都各有所长，知道自己的优点、长处，了解这些优点、长处的社会意义也是树立远大理想的条件，教师必须在这方面花心思，对学困生尤要注意这一点。比如对只喜爱体育活动的学困生，教师应多与他们接触、交谈，因势利导，使他们认识到有体育专长而没有扎实的文化科学知识是无法施展自己的才能的。同时，应通过各种途径，让每个学生都有机会实践自己的特长，使之看到学校给自己开辟的广阔空间，对前途充满信心，激发其求知欲望。理想教育是一项复杂而长期的工作，不能希冀一蹴而就，它需要教师的敏感、耐心和远见卓识，更需要教师有远大理想和抱负，我们要尽可能用足、用活校内的教育资源，在此基础上，创造性地开发校外优质教育资源，使学生在潜移默化中感受到有目标、有追求的益处，从而自觉地去树立理想、实现理想。

我的行动计划

通过上述讨论，想必您对南京外国语学校仙林分校的理想教育实践有了一定的认识，您是不是也有了自己对本校或本班级进行理想教育的新想法和新思路呢？不妨及时地写下来吧。

二日谈 | 让学生快乐地化茧成蝶
——生活与教育

情境引入
- 四块糖的故事

随园夜话

问题聚焦
- 班主任如何做好生活中的教育？

名师视角
- 生活教育的当下内涵与可能途径

专家解读
- 从"一片小树林"解读生活教育

高手支招
- 行知小学的生活教育

实践探索
- 生活资源课程化，在生活中实施教育
- 关爱他人，从身边做起

[随园小语]

生活中的所有色彩都吸引着孩子们的心灵。

——圣笃多

生活、工作、学习倘使都能自动，则教育之收效定能事半功倍。所以我们特别注意自动力之培养，使它关注于全部的生活工作学习之中。自动是自觉的行动，而不是自发的行动。自觉的行动，需要适当的培养而后可以实现。

——陶行知

教育的唯一工作与全部工作可以总结在这一概念之中——道德。道德普遍地被认为是人类的最高目的，因此也是教育的最高目的。

——赫尔巴特

生活教育不是一句口号，而是一种实实在在的理念和行动。它需要教育者深入地思考，然后进行实践、反思，再实践、再反思。通过教育家陶行知先生的一个感人的小故事，我们会对生活教育有更深入的理解。

四块糖的故事 ①

有一天，陶行知先生发现学生王友用泥块砸同学，他当即制止了王友，并让他放学后去校长办公室。放学后，陶先生来到校长室时，发现王友已经等在门口。陶先生立即掏出一块糖果送给他："这是奖给你的，因为你按时来到这里，我却迟到了。"王友一脸怀疑地接过糖果。陶先生又掏出一块糖果放在他手里："这也是奖给你的，因为我不让你再打人时，你立即就住手了，这说明你很尊重我。"接着陶先生又掏出第三块糖果塞进王友的手里："我调查过了，你砸他们，是因为他们欺负女学生。这说明你很正直，有跟坏人做斗争的勇气！"王友哭了，哽咽着说："你打我两下吧，我错了，我砸的不是坏人，是我的同学呀……"陶先生满意地笑了，他随即掏出第四块糖果递给王友："为你正确地认识自己的错误，我再奖你一块糖……我的糖发完了，我看我们的谈话也该完了。"

陶先生的成功就在于他有一颗宽容的心。教师对犯错误的学生的宽容，最能引发学生心中的愧疚感，让学生对教师产生感激之情，下意识地改掉自己的毛病。因此，宽容教育是非常有效的教育形式之一，带着爱心与宽容心走进学生心里的教师，更有可能做好教育工作。

---

① 陈岗.从"四块糖的故事"谈赏识在教育中的运用［J］.中国职工教育，2013（6）：97. 略有改动。

我的故事

　　陶行知先生的行为感动了王友同学，也感动了我们。这样的故事，是否在您带班的过程中也发生过呢？不妨与身边的伙伴分享一下吧。

【随园夜话】

通过上面的故事，我们感受到教育工作者对学生的教育无处不在，尤其在日常的生活中，可以对学生实施很好的道德教育。在江苏有这样一所农村小学，它在陶行知的"生活教育"理念中孕育、发芽、成长，它不仅环境优美、景致宜人，而且有长远的教育眼光。每个来校参观的客人都对此感慨不已。它就是南京市浦口区行知小学（简称"行知小学"）。那么，它究竟有什么魅力，又是怎样在生活中开展教育的呢？

困 惑 一

在现行的教育体制下是否能够深入开展生活教育？

观点一：开展生活教育是培养学生综合能力的客观需要。

很长一段时间，"分，分，学生的命根"的思想不仅左右了学生、家长的思想，甚至左右了学校的办学思路。为了有一条所谓的好出路或一个好工作，家长把目光集中在成绩上，他们希望自己的孩子能够凭借优秀的学业成绩在日益激烈的竞争中得以生存。这样就导致我们的学校不得不把工作的重点转到应试上。教育的功利色彩浓重，学生成了学习的机器。对于知识，学生缺少积极的探究精神，缺乏创造性的思考，难以跟上飞速发展的时代步伐。作为教师，我们必须反思，我们的学生将来总要走向社会，成为一个独立的社会人，他们需要具备诸如动手能力、交往能力等生存能力。我们的教育究竟要教给学生什么？是脱离生活的枯燥乏味的知识，还是运用知识提升各种生存能力的有效操练？开展生活教育是培养学生综合能力的客观需要，是适应时代发展的客观要求。

观点二：很多学校的实践证明了深入开展生活教育是可行的。

在我国中小学教育中，目前实施的课程都是国家规定的基本课程，生活教育的课程很难排入学生平时的学习课表中。这看起来似乎不能实现的事却在很多学校得以践行，并取得了较好的成效，其中，行知小学用他们的实际行动回答了如何践行"生活即教育"的理念，即将生活教育课程化。

困 惑 二

怎样做到生活与教育相结合？

观点一：多元评价，关注每位学生的闪光点。

传统教育忽视学生个性发展和能力培养，偏重选拔性考试而忽视教学评价的多样性，社会、学校和家庭形成了片面追求升学率的价值偏向。单一性的评价让学生懒学、厌学。学生的发展是多元的，个体是有差异的，学生优秀与否，不能单单以成绩的高低来评价。生活中，每个学生都是独特的，都是出色的。对学生在课堂以外领域的出色表现也要给予肯定和表扬，这样才更符合素质教育的理念。多元评价关注了学生生活，把生活和教育统一起来，鼓励学生向生活学习，接受生活教育，用学习指导生活。对学生进行多元评价，及时给予学生鼓励，促进学生健康、全面、和谐发展，让学生学会做人、学会做事、学会合作、学会学习，达到一个合格公民的基本要求，成为有能力追求幸福生活的个体。

观点二：在活动中潜移默化地实施教育。

（一）晨会、夕会是实施生活教育的好阵地

晨会、夕会不仅是学校德育的主阵地，也是学生生活教育的好阵地。晨会、夕会可以让学生主动参与进来，让学生自己设计，自己主持，自己总结评价。晨会、夕会可以结合纪念日，举办小型纪念活动，可以针对校园发生的事情"一事一议"。晨会、夕会可以作为学生对话、沟通、交流的平台，还可以作为学生表演的舞台，让每位学生在晨会、夕会上都有表现的机会。这样，既彰显了学生个性，也逐步培养了学生的信息处理能力、口头表达能力、交往合作能力。如果每位教师都能以详尽可行的计划为先导，以充实的教育内容为保障，坚持以学生为主体的教育理念，短短十几分钟的晨会、夕会一定会很精彩。

（二）影视教育是实施生活教育的最好途径

影视作为反映生活的一种艺术，是学生最喜欢的直观教育方式之一。在对优秀影片的赏析和不自觉的模仿中，学生潜移默化地接受着影响和教育。如《火烧圆明园》能激起学生爱国的热情；《小孩不笨》让学生知晓父母的苦心以及只要努力就会成功的道理；《飞越老人院》可以弘扬中华传统美德，让学生尊老敬老，关注老人的生活；《幸福终点站》让学生认识到在困境中如何保持乐观，并通过学习及自身良好的品质赢得别人的帮助。

（三）各种重大节日是实施生活教育的最好契机

最好的教育是从生活中学习。重大节日、纪念日都有独特的内涵和意义，都蕴含宝贵的思想教育资源。以重大节日为契机，挖掘教育资源，营造教育环境和教育氛围，对开展主题教育很有利。例如，我国的传统节日春节、元宵节、清明节、端午节、中秋节、重阳节等对学生来讲都是具有重要意义的，只要抓住有利时机，整合教育资源，就能把深刻的教育内容融入生动有趣的学校活动中，实现"活动育人"。根据节日的不同背景和意义，我们把教育分成几部分。一是利用纪念日进行教育。在未成年人的入学、入队、入团、成人宣誓等有特殊意义的重要日子，确立"成长"的主题，通过多种形式，激发学生对健康成长的渴望。二是在法定节日中融入教育。国庆节、建党纪念日、国家公祭日等，可确立"爱国"的主题。通过专题报告、主题演讲、实地参观等活动，激发学生的爱国之情、报国之志。三是在妇女节、教师节、母亲节、重阳节、中秋节等节日，确立"温馨祝福""感恩"等主题，通过给最亲近的人送祝福、送温馨，让学生体验、感受人与人之间的亲情、友情，陶冶思想道德情操。另外，还要让学生了解一些新的节日，如世界水日、世界气象日、世界卫生日、世界环境日、世界艾滋病日、读书日、爱耳日、爱牙日等，通过这些有纪念意义的节日活动学习知识，接受教育。

观点三：课堂教学中联系学生的生活经验。

课堂教学是学校教育活动的核心。在课堂教学中把生活经验和书本上的知识结合起来，可以让学生在学习中感受合作、创造和交流的快乐，享受学习的喜悦和乐趣。它也会激发学生的学习兴趣和想象力，提高教学实效性，培养学生的创新精神和创新能力，提高学生参与社会生活的实践能力，促进学生的社会化。课堂教学不能把学生与生活割裂开来，而应使学生与生活有机融合。我们的教学应如陶行知所主张的那样，做好学校和社会的联系，加强社会实践，引导学生从实际生活中发现问题，提出问题，应避免教育内容的过时陈旧、不符合学生生活实际、不切合学生思想认识、不能很好地为学生的未来生活服务的现象再次出现。我们一线的老师，在选择教学内容时不要一味地参考课本，内容可以选取学生感兴趣的身边小事。教学时，可以邀请社会人士（家长、专家等）共同参与学习。教学活动不仅仅局限于课内，完全可以融合到学生的课余时间中。教学地点也不一定要在教室，社会是最好的课堂。让学生走出去，亲密地接触社会，在生活中学习和成长。来源于生活内容的教育是真正受学生喜欢的教育，这种教育能大大提高学生的动手能力、实践能力，对学生的成长起着不可小视的作用。

我的观点

上述关于生活与教育的几个观点，您是否赞成？对陶行知先生"生活即教育"的理念，您还有什么不同的观点或补充的看法？

【问题聚焦】

班主任如何做好生活中的教育？

　　生活与教育，这个话题的内涵是深刻的，做法是无穷的，每个学校都对此有不同的解读和实践。但无论是从学校教育目标，还是从内容、方法上来分析，教育工作都很难独立于学生的学习、生活环境而进行，而必须和学生日常的学习生活相结合。

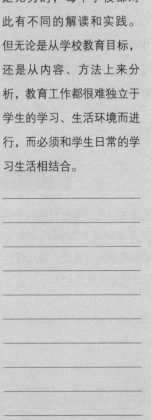

名 师 视 角

生活教育的当下内涵与可能途径

尹湘江①

　　教育源于生活，复归于生活，即生活是教育的起点，也是教育的旨归。生活教育要求教师确定教育目的时要从生活实际出发，为现实生活和理想生活服务；要求学生在接受教育时要结合生活理解教育内容，投身生活实践积极运用教育内容；要求家庭和社会在消费、测量教育时要以当下生活和未来生活的需要与可能需要为检验标准。生活教育作为一种教育理念，和学校、学生、家庭与社会关系密切，深深地影响着教育的内涵界定、途径选择与测量标准校正，生活教育被关注由来已久，但是直至当下其研究状况仍然不容乐观。

一、当下生活教育的内涵

　　生活教育是起源于生活的教育，但它又是对生活加以扬弃的教育，并非生活中正在发生着的教育内容都属于真正意义上的生活教育，是否是生活教育取决于教育内容的质量。比如教育家丰子恺的散文《送考》中就记载了投考的孩子们对生活中人与自然奋斗的行为不闻不见，只管埋头在《升学指

① 　提供者：尹湘江，南京明道学校学生发展中心主任，南京师范大学班主任研究中心兼职研究员，首届南京市德育工作带头人。

导》《初中入学试题汇解》等书中的现象，孩子们所记忆、背诵的也不过是"穿山甲要吃蚂蚁"等脱离生活实际的内容。在这里，教育内容是劣质的，因为它脱离了生活。虽然这个故事发生在1923年，但是这种现象时至今日仍然普遍存在，那么，这样的教育就不属于生活教育，我们只能称其为"生活中的教育"。《论语·阳货》里说"性相近也，习相远也"，这就是一种朴素的生活教育理念。这里的"习"就是生活情境中的"习得"，孔子认为使本性相近的人之间产生变化的原因就是生活情境的差异，就是社会交往的差异。所谓"里仁为美"，强调的就是社会环境的仁爱之风造就人的善美；所谓"就有道而正焉"，点明的就是生活环境的质量对人的发展影响至深。陶行知创立生活教育理论，认为教育这个社会现象起源于生活，现代化的生活应该是健康的、劳动的、科学的、艺术的和能改造社会的。当然现实生活中也有一些错误的，甚至丑陋的社会现象，生活教育并非无视这些现象，只是不以这些现象为教育的主要内容和直接内容。因此，从当下来看，审视生活的具体需求，选取生活当中积极进步的内容，以促进生活的改进直至抵达理想的生活为目标的教育就是我们所说的当下的生活教育。

二、生活教育的主体差异

对同一个问题的考察，因主体不同，往往会得到不同的结果，所以要想全面地认识某一对象，就有必要从不同主题的角度来审视。要想全面认识并实施生活教育，就需要从不同的主题角度来审视生活教育。这三个主体分别是教师、学生与家庭（社会）。从教师来看，生活必须是教育的来源。这就要求教师必须密切关注生活，从生活中发现教育需求和教育资源。比如收置雨伞教育：阴雨天，学生使用的雨伞到校后放在哪里，如何放置呢？我观察有的班级同学就把雨伞直接撑起来摆放在教室外面师生过往的楼道里。这样的生活现实就应该引起教师的注意并形成生活教育的具体科目。因为这样直接放在楼道里，雨伞上的雨水容易流淌在地面上，导致地面湿滑，不利于师生安全通行。雨伞无论撑开与否，在课间人流穿行速度较快时，都容易被踩踏。由于生活习惯的影响，学生一般并不能感受到收置雨伞学习的必要，一般的家庭目前也并不注意生活细节上的教育，在这一类教育项目上就应以教师为主体。比如假期活动教育，假期的生活固然应该有学科学习的教育内容，更应该有一些实践活动的教育内容，而且还应该以后者为主。比如假期中组织学生结伴参观学习，这些活动的组织形式就可以交给学生自己去完成，其中，召集人的产生、相关费用的管理与使用、活动计划的设计实施、活动图文资料的拍摄收集与整理等项目都能锻炼学生的交往能力与自我管理能力。在校期间，教师主导的教育占了主要地位，家长又不如学生熟悉彼此的能力特点，这样的活动就适合以学生为主体。再比如，我曾经设计过一次"端午节包粽子"教育活动。在设计过程中我发现，全国各地包粽子的方法各不相同，包粽子就适合由家长在家中教给孩子，到校后学生来做展示交流，那么在这个时候就应该让家长走到前台，让家长以教育主体的身份开展这一教育活动。

三、生活教育的实施途径

可以使某一事物的目的得以达成的介质，我们称之为实施途径。就生活教育而言，虽然其实施途径仍不外乎生活，但是细细考察起来，其途径的选择仍是有章可循的。我们以爱国主义教育为例，从课程体系的角度来说，有国家课程，也有地方课程、校本课程，甚至还可以以家庭为单位来设计课程。从班主任的角度来说，以班级为单位，依托校本教育资源设计生活化的教育就比较具有适切性。教师从中国传统文化中捕捉具有爱国精神的事件、人物，挖掘整理成教育的资源，那么这种教育的适切性就会提高，对于学生而言就更有学习的热情。爱国主义教育如果能从开发当地的教育资源入手，学生就有机会走出校园，在实践中获得真实感受，从而增强对一方热土的深厚感情。比如，作为山林城市之一的南京就拥有得天独厚的城市山林——清凉山。这里有丰富的植物品种，有悠久的文化遗存，也有沉重的历史记忆。如果在参观前进行背景知识的学习，参观之后再组织交流活动，就可以在生活需求的基础上，打通校内外阻隔，拓宽生活教育的实施途径。另外，校外已有的一些场馆设施也可以作为生活教育的实施途径。总之，在实施生活教育的过程中，既要注意避免对学校之外教育主体的忽视，也要注意避免对于学校这一教育主体的弱化，拓宽的目的是在原来的基础上丰富内容，而非对原有教育主体的削弱。

生活教育的目标在于从生活中发现教育需求，在生活中确定教育主体，到生活中寻求更广泛的教育途径。生活教育的质量影响着今天教育的质量，也决定着明天的生活质量，所以生活教育意义深远。但是纵观历史，虽然生活教育的理念起步甚早，但是生活教育因为应试教育的影响推行起来而困难重重。我所做的思考也只是一己之见，更丰富的思考还有待同人共同努力，早日理清认识，让生活教育更好地发挥作用。

从"一片小树林"解读生活教育

陈红燕[①]

美国进步主义教育学家杜威早在20世纪初期就提出了"做中学"的教学理论，认为"教育即生活，学校即社会，做中学"。中国近代教育家陶行知先生将杜威的"做中学"理论本土化为"生活教育"理论，长期致力于中国乡村教育中"知行合一"理念的实践与躬耕。陶行知先生提出："生活即教育，社会即学校，教学做合一。"旨在利用社会生活这个天然而又鲜活的大课堂，来发展中国的乡村教育。

在当代的教育实践中，我们依然可以看到"生活教育"的衣钵传承。南京的杨瑞清校长于20世纪80年代初期从南京晓庄师范学校毕业后，立志扎根农村，来到浦口区五里村小学担任教师，30多年来始终奉行和坚守陶行知先生的教育理念，将五里村小学办成了行知小学，让一所村小联通、延伸到全世界。中国当代儿童文学作家王一梅将五里村小学在20世纪80年代的故事，写成了一篇纪实小说《一片小树林》，让人读后如沐春风。这篇纪实小说给我留下深刻印象的是，杨瑞清校长当年

---

① 解读专家：陈红燕，南京师范大学教育科学学院副教授，南京师范大学班主任研究中心副主任，教育学博士。

为了能让五里村的128名孩子都用上新课桌，亲自向村里的巧手刘木匠请教种树，并跟学校的陈天龙老师一起，用自行车从县城一次次地拉回树苗，在学校教学楼前种植了100棵杉树，长成了如今这片小树林。杨校长获得难得的一次机会去上海开会，在上海老房子的墙面上发现了一片绿色的爬山虎，他偷偷摘下一截茎蔓，回校后移植到自己的学校里，从此让五里村小学的校舍焕发出勃勃生机，也让孩子们在对爬山虎的观察和照料中，认识到了自然万物的奥妙，体悟了生命的向上与可贵。杨校长的母亲为了支持儿子的工作，在学校原本泥泞而光秃的操场上躬身种下了一片爬根草，她用自己的汗水和辛劳让学校成了儿童的乐园。后来，五里村的陈支书从城里引进了劳动标兵刘秀英到五里村小学担任校工，负责看门、拉上下课铃。刘奶奶并不满足于自己的本职工作，在学校里种菜种花，养鸡养鸭，让孩子们中午在食堂吃上自己种的蔬菜，品尝自己养的鸡鸭。孩子们不但喂饱了自己，还养肥了学校周围的一群流浪猫。再后来，杨校长进一步践行了陶行知先生的教育思想，组织五里村的学生种地种菜，养鸡养鸭，并把这些生活与劳动课程写进了课表，让孩子们在劳动和生活中接受磨炼和教育。

一晃30多年过去了，伴随着城镇化建设的日益推进，从前的五里村小学变成了现在的行知小学，不变的是这所学校的老师和孩子们依然在种地种菜的行动。就在前两年，我们班主任研究中心的几位老师去行知小学考察学校和班级文化，发现焕然一新的学校花圃中除了少量的一串红以外，全部种满了绿油油的蔬菜。杨瑞清校长介绍说，学校把花圃做了划分，每班一块责任田，专门用来种菜。于是乎，种菜成了这个学校师生们每日教育生活的重要组成部分。种菜，让孩子们早早就来到学校，因为有了牵挂；种菜，让孩子们学会了关心与呵护，因为只有耕耘方有收获；种菜，让孩子们体悟了生命的可贵，因为并不是每一粒种子都能发芽开花。从翻地、播种、浇水、施肥、捉虫，一直到收获，蔬菜的每一步生长都见证了孩子们的心灵成长。更有趣的是，蔬菜长熟了，杨校长还组织各班孩子们卖菜。孩子们把菜卖给学校老师，或卖给学校食堂，卖菜得来的钱用作班费。孩子们在卖菜过程中有了新发现：班里头总有几个平时成绩很好的乖孩子，他们的菜卖不出去；而另一些调皮捣蛋、学习不好的孩子，菜却卖得很快。于是，取长补短、合作互助就自然而然地形成了，学习不好的孩子帮学习好的孩子卖菜，学习好的孩子帮学习不好的孩子补习功课。最为重要的是，孩子跟孩子之间的这种交往，使他们学会了更加全面、深入地认识自我、了解他人，意识到每一个人都有自己独特的、不可取代的价值。直到现在，杨校长还是像年轻时那样，时常端着相机，带领着孩子们在学校的小树林里穿梭嬉戏，静静地看孩子们在校园里仰望天上的云朵，他始终相信：一个学会了仰望天空的孩子，他将来的世界一定会越来越大！

杨瑞清校长的做法，城市中的大多数中小学校也许无法效仿，但是生活与教育的关联，却是异曲同工的。在城市学校中，教师该如何将生活与教育相融，是一个关涉教师职业敏感性与敏锐性的生动话题。

第一，教师要做一个"有心人"，善于从现实的生活与情境中捕捉教育资源。真正的教育不在高处，在低处；不在远处，在近处；不在大处，在小处。教育应当从生活中来，到生活中去，只有融入生活的教育才能春风化雨、无孔不入。作为专业的教育工作者，我们应当培养起自身对于教育的敏感性，善于调动自己的感官与身心，敏锐地捕捉身边的教育资源，为学生创设自然的、贴近生活的教育情境，通过营建一种幸福而完整的班级教育生活来促进师生的共同生长。当每一位教师都成为"有心人"的时候，就不难发现：时时皆教育、处处皆教育、事事皆教育！

第二，在教育过程中，教师需要借助"隐形的翅膀"。教育学生并不一定要大张旗鼓，也不一定要雁过留声。很多时候，显性的教育往往是无力的，甚至在"爱"的名义下，不经意间伤害了学生。都说大爱无痕，教育不需要太多刻意的言行，要的只是一双自然而然的隐形的翅膀。春风化雨，润物无声，让学生在自然而然的情境当中不知不觉地接受无痕的教化，这或许就是教育的最美姿态。

第三，在教育过程中，教师需要全方位整合与多角度渗透。"一片小树林"给教育工作者们留下了深刻而又生动的启示。如果说生活即教育，那么，生活也即德育。在现实的教育实践中，我们总是寄希望于专门的思想品德课和有形的德育活动来提升学生的道德水准，结果德育的效果往往不容乐观。德育的最高境界莫过于创设一种有道德的环境，使师生都过上一种有道德的生活，让德行的光芒洒落在学校的每一个角落。

行知小学的生活教育
杨瑞清[①]

"生活即教育"是陶行知教育思想的核心，集中反映了他在教育目标、内容和方法等方面的主张，反映了陶行知探索适合中国国情和时代需要的教育理论的努力。"社会即学校"，是"生活即教育"思想在学校与社会关系问题上的具体化；"教学做合一"，是"生活即教育"思想在教学方法问题上的具体化。无论是强调学校教育与社会生活、生产劳动相结合，还是要求手脑并用、在劳力上劳心，都显示出强烈的时代气息。

一、公民教育

一所学校将教育的理念融入正常的生活中，会比一些反复灌输道德观念或社会意识的特定课更能树立和培养孩子们健全的人格。行知小学从2009年开始开展小公民教育活动，通过丰富多彩的社团活动，让公民素养在学生心中扎根。"一个苹果的故事""关爱他人从身边做起""我与垃圾有个约会""记者来了！"等活动都给学生留下了深刻的印象，对学生个人成长的影响也是深远的。

对小学生价值观的宣扬要由简单到复杂：从手足情开始，再到邻里心、民族感、人类友爱；从同理心出发，以个人为原点再到家庭、邻

---

① 提供者：杨瑞清，南京行知教育集团总校长，全国十杰中小学中青年教师，全国十佳师德标兵，全国劳动模范，全国五一劳动奖章获得者，全国先进工作者。

里社会、国家民族乃至国际社会。个人价值包括尊严、诚信、自由、真理、理性、情感、审美意识、创造力、个人独特性、勇气；社会价值包括平等、自由、公义、友爱，关心人类整体福祉。

先体验再实践：学生对成人社会的公民生活体验非常重要。学校要营造一个以教师为主体的公民生活氛围，让学生先体验，教师言传身教，感受公民生活的好处，享受公民生活的尊严，学生先模仿，然后行动上才会有大的改变。比如平等的价值，教师需要有一种男女生平等，优秀生和后进生一视同仁，好的教育资源大家都可以拥有的情怀。

除了利用各门课堂教学的主要阵地外，学校要打造各种参与平台，鼓励学生有序参与学校社团活动，参与班级管理、学校管理、家庭管理，参与社会公益活动，在各种民主参与中锻炼平等交往、有效沟通、积极合作、真诚和解、科学思维的技能。鼓励学生对班级、学校、社区存在的问题进行调查研究，建言献策。

提倡对学生既要"抓得住"，又要"放得下"。所谓"抓得住"，就是建立学生信用评价体系，将学生违法违纪、不守信用的情况记入学生信用档案，并制定将信用评价结果与学生个人生活、公共生活相关联的制度。所谓"放得下"，就是要积极放手，逐步摆脱家长和老师对于学生个人生活的全程控制，培养学生自主和自律的内在禀赋。引导学生参与实际的公共生活，努力让学生养成吃苦耐劳、勤劳勇敢、坚韧果断、进取忍让、互助妥协的美德。让学生学会自主生活，参与公共生活，提升公民素养，实现从良好心态向良好行为、良好习惯、良好性格层层递进。

二、浸濡活动

行知小学的国际交流，让学生从小就跟外国的小朋友尤其是新加坡的小朋友有比较多的交流机会。过什么样的生活就受什么样的教育，老师们坚信国际化的交往生活蕴藏很多德育的契机。新加坡孩子的中文说得不是很好，他们的教育思想受西方的影响，这些孩子来了是要进课堂的，跟行知小学的孩子坐到一块儿，体验中国的孩子怎么上课。一开始学校告诉自己的学生说这些孩子比较害羞，要多说说话，尽量拉近距离。但是学校的孩子反映，他们越是热情，新加坡的孩子越是躲着他们，甚至有些冷漠。老师们就碰碰头说是怎么回事，原来是文化的差别。因为新加坡的孩子认为我叫什么、我喜欢吃什么、我家在哪儿、我爸爸妈妈在做什么是我自己的事情，我愿意说才会说，可是行知小学的孩子很热情，什么都问，以为这样可以拉近距离，所以孩子们就有了教训。这就是文化的差异，我们自己认为对的不一定就对，这是一堂非常有价值的德育课。有了这样的经验，学校四年级以上的孩子都跟新加坡的孩子有交流（来这里交流的新加坡孩子也是四年级到六年级的大孩子），这就形成了一门校本课程。在这个过程中，孩子们不仅了解了文化的差异，而且学会了关心他人，尊重他人。他们在跟新加坡的孩子交流时，增长了见识，他们知道新加坡的孩子虽然富有，但是每次吃饭都把饭吃光，说话总是轻轻的，他们联想到自己平时做得很不好。行知的孩子有了更多的交流机会，老师们也找到了德育的契机，在这方面还有很多的事情可以做。

三、吉祥物陶娃

"淘淘""乐乐"是两个非常可爱的陶娃，孩子们都非常喜欢它们，并把自己当成淘淘和乐乐，不管是听话的孩子还是顽皮的孩子，他们都会对号入座，所以关于淘淘和乐乐的故事就这样产生了。少先队就发起了一个活动，让孩子们给淘淘和乐乐编故事，本来想只收集写得比较好的，并发奖。但是后来发现孩子们的故事真是太多了，他们都把自己当成了淘淘和乐乐，写在自己身边发生的故事，这些故事经过老师的修改变成了现在的小册子，孩子们看到自己写的故事被印在册子上，很是开心。淘淘和乐乐给他们带来了很多快乐，发挥了教育的作用。低年级的孩子下课还会抱着淘淘和乐乐，老师们看到后非常欣慰，这样一对陶娃形象非常具有教育意义。

学校还有一个非常具有特色的地方就是陶娃菜园。当老师和孩子们看到学校工人师傅把花圃里的花移走的时候，大家都在想，花园里不种花，种菜可以吗？一个月之后，事实证明这是非常好的创意。菜园子里长出了各种各样的菜苗，其中，青菜最了不起，一年四季都可以生长。

孩子们很开心！有一个关于陶娃菜园的小故事：学校给每个班发一本小册子，要求每个学生写菜园子的观察日记，当时有很多班级的老师还没来得及布置，第二天学生的小册子就已经写满了，孩子们这种急切写日记的心情让老师们感到很意外。老师们发现，孩子们在种菜的过程中，对菜的生长过程更感兴趣。

行知学校致力于陶行知思想的研究和实践已经有三十年的时间，学校有乡村学校的资源，同时又具有开阔的国际交流的视野，陶行知思想的浸润和不懈的教育实践，已经让学校有了很好的基础。多年来，行知小学结合学校的办学理念和现有的教育资源，开展了一系列特色活动，使学生在文化的熏陶下健康成长。

生活资源课程化，在生活中实施教育

朱雅婷[1]

【实践探索】

把课堂生活、教育生活都看成生活才能使儿童获得有意义的生命。行知小学结合自身的优势资源，开发了多个具有行知特色的生活教育课程。下面与大家分享几则案例。

一、一片美丽的荷花园——艺莲苑

在行知小学的东面有一个闻名全国的艺莲苑，里面培育了一千多个荷花品种，其中有几百种荷花是主人丁跃生自己培育的。一个高考落榜的农民凭着自己的勤劳和智慧，凭着创新的精神和前瞻性的视野为自己的人生书写了精彩的诗篇。利用艺莲苑，学校每年一度的荷文化节教育活动精彩纷呈。孩子们咏荷、赏荷、画荷、演荷，设计荷花节会徽、参与荷花净化水质活动、参与莲子催芽活动、品尝荷花荷叶做成的食物、

---

[1] 提供者：朱雅婷，南京市浦口区行知小学副校长，南京市浦口区优秀教育工作者。

参与插荷系列活动。可以用五个字来形容学生在荷文化节中的收获："美"——接天莲叶无穷碧，映日荷花别样红；"富"——勤劳致富，幸福美满生活；"高"——科技含量如此之高，亲手培育的新品种如此之多让学生惊叹；"苦"——艺莲苑不是凭空来的，要艰苦创业，不懈奋斗；"乐"——以苦作乐，苦中有乐，苦后有乐。文化节系列活动给学生带来的不仅仅是知识层面和技术层面的收获，更重要的是培养了学生对美的鉴赏与热爱，树立了人生理想和正确的价值观、人生观。

二、一次有趣的柿子节——八棵柿子树

学校的四合院里有八棵柿子树。孩子们在与柿子树共同成长的过程中体会了"五果"的美好含义。它是劳动之果。劳动是最伟大、最有价值的，没有劳动就没有这丰硕的果实，所以我们要热爱劳动。它是道德之果。柿子成熟的时候，如果没有同学们爱护它，柿子早没了，所以我们要做一个有道德的人。它是智慧之果。大家围绕着柿子树写日记、画画、做数学题，观察、思考，柿子树带给我们无穷的智慧。它是艺术之果。到了秋天，绿油油的叶子、黄灿灿的果实装点着校园，柿子树是校园里最亮丽的风景线。它是友谊之果，我们要与朋友们一起分享这美好的果实。每年的十月十八日柿子节，师生们集会，探讨关于柿子的话题。有一位老师说："每年的柿子节，我都会有一种感受，那就是教育学生不能是空洞的说教，而应该是在生活中润物细无声。每次给孩子们分柿子，我都会征求学生们的意见。先分给谁？老师、同学、女生、男生？最大最黄的又分给谁？给学习进步最快的学生、给乐于助人的学生。而最近的一次柿子节，学生把最大的柿子让给了一位体弱多病的孩子。这让我很感动。只要我们善于引导，孩子们自然就学会了谦让、尊重、关爱等一系列优秀的品质。"

三、一块自在的小菜地——班级小菜园

来到行知小学，最与众不同的地方就是别的学校花坛里种的是花，而行知的花坛里种的是菜。翻土、育苗、栽种、施肥、除草、收获等，每个孩子都会在自己班级的小菜园里惊喜地期待一个个生命完整的成长过程，在这个过程中理解环保种植的理念。观察植物生长，欣赏生命开花，拿着笔写观察日记；采摘果实卖给学校的食堂老师，合理规划利用卖菜得来的经费；孩子们才吃过午饭就拿着自己的小勺子给一棵棵菜苗喂水，这种细心呵护的画面让人怦然心动，这是"生态教育"，一种纯天然的无公害的教育，像浸润学生心田的一种教育，自然而愉悦。

四、一次精彩的青奥会——新加坡青奥小屋

2014年8月，第二届夏季青年奥林匹克运动会在南京举行。行知小学承担了多项与青奥会相关的文化交流活动，新加坡青奥小屋是其中的一项。众所周知，鱼尾狮是新加坡的标志，当时同学们制作了一块鱼尾狮的画板，但大家都觉得太死板了。"是呀，我们小屋的主题是'活力狮城'，可不可以让我们的鱼尾狮也喷出水来呢？水是灵动的，更能表现新加坡的活力呀！"大家纷纷发表意见，一个同学提出的用鱼缸增氧机喷水的点子给了大家灵感，于是，大家找来了小水泵、细水管。刚开始，鱼尾狮只能喷出一根水柱，像婴儿撒尿，大家觉得很不美观。经过无数次的试验、调整，鱼尾狮喷出的水就像喷泉一样自然而美观了。会喷水的鱼尾狮成了新加坡青奥小屋的亮点，就连来行知小学开展活动的新加坡师生看到了，都睁大眼睛，啧啧赞叹，纷纷夸奖大家心灵手巧。小屋从开始设计到制订计划，经历了许许多多的困难，正是因为孩子们的积极参与、团结合作，新加坡小屋才能在青奥村精彩呈现，大放异彩。

我们认为，再多的钱也造不出一个原汁原味的生活情境，最好的教育资源其实就在我们身边。陶行知认为："生活教育是生活所原有，生活所自营，生活所必需的教育。"即生活无时不含有教育的意义。到处是生活，到处是教育。生活教育是一种与人生相伴的教育。传统教育在学校与社会中间造了一道高墙，学校好比是一个"大鸟笼"。提倡"社会即学校"，就是要拆除学校与社会之间的"高墙"，冲破鸟笼式的学校束缚，把笼中的小鸟放到天空中任其自由翱翔，把学校中的一切伸展到大自然中去。在与柿子树共同成长的过程中，孩子们不但变成了"五果娃"，还成了文化的传播者。我们以艺莲苑为教育资源时，发现它具有课本不能提供的育人功能。艺莲苑里的荷花和艺莲苑的主人都成了学生学习的资源。青奥会的文化活动，则让孩子们感知运动、感知世界文化。行知小学活动课程为学生们提供了无限广阔的平台，让学生们的视野更加开阔，亲身实践的机会明显增多。"在生活中教育，在教育中生活。"用这种意念去强化自己的认识，在生活中对孩子进行引导，促其成长，教师的教育智慧就会显著增强。

关爱他人，从身边做起
刘书刚[①]

为了更好地践行陶行知先生"生活即教育"的理念，也为了孩子的终身发展，行知小学通过多种活动，收获孩子们成长的喜悦。

下面，给大家分享一个案例，也许会让你对生活教育有所体会。

我们的学校在乡村，班级学生都是来自乡村的儿童和外来打工子女。比如，附近的窑厂就有十多个家庭的孩子在我们学校读书。这些孩子放学回家后的第一件事不是找东西吃，也不是做作业，而是帮父母做家务。有的带孩子，因为这些孩子的家庭子女比较多，所以只能大孩子带小孩子，有的回家开始挑水洗衣服，还有的回家后帮父母淘米、洗菜、做饭，直到很晚的时候他们才开始做作业。

这些孩子不仅生活条件差，而且学习条件也差，孩子不是趴在床上就是在凳子上写作业。看到这样的情景，我当时就批评家长，孩子在这样的条件下学习，你们就不能想点办法吗？他们就赶紧从工地上找来板子，再搬来一些砖头，搭起来给孩子当课桌用。回到学校后，我就想该怎么帮助这群孩子，于是就做了一期"关爱他人，从身边做起"的班会课。

这堂课一开始学生觉得帮助他人就是捐钱，对这个答案，我不是很满意。我提示学生想一想还有没有别的办法。学生观看PPT中的"家访深思"后，想到学校的储藏室里有多余的桌椅，于是，他们就提议：

---

① 提供者：刘书刚，南京市浦口区行知小学教师，南京市浦口区优秀班主任。

"刘老师，我们能不能把学校里多余的课桌捐一些给他们来改善学习条件。"这个提议也得到班级很多学生的赞同，我点点头，顺势引导道："储藏室多余的桌椅是学校的财产，要捐课桌需要征求学校同意，你们还需要写建议书给学校，征求学校的意见。"于是，学生就在课堂上起草了建议书，建议书是这样写的：

敬爱的杨校长：

　　我们是四（1）班的学生，我们学校里有一些特殊的孩子，他们是来自贵州的打工子女，他们的父母在华山窑厂打工，他们的学习非常艰苦，尤其是学习的条件更差，连课桌都没有。

　　我们发现在学校的储藏室里有一些多余的课桌，可以捐助给这些没有书桌的学生。这样既避免了资源的浪费，也让课桌发挥了应有的价值。

　　请杨校长考虑我们的建议！

行知小学四（1）班

2010年11月9日

　　建议书写好后，同学们就约定第二天交给杨校长。第二天，杨校长正巧在接待客人，他看过学生的建议书之后很感动，当场就在建议书上写下了批复。

四（1）班的同学们：

　　你们的建议很好，很让我感动，学校支持你们的行动。

杨瑞清

2010年11月10日

　　同学们看到校长对大家的行动很支持，非常高兴。但是，我又想，这些在窑厂的孩子家长是不是愿意接受我们的帮助呢？于是，我就让班级里两个住在窑厂的学生去做统计表，一方面是确定需要课桌的数量，另一方面是确认他们愿不愿意接受我们的帮助。第二天，统计表做好了，他们那里一共有14个读书的孩子，需要12张课桌，其中有2个孩子家里有桌子。那接下来的问题是怎样把这些课桌运到窑厂呢？同学们七嘴八舌地议论起来，最后，同学们商定：窑厂有大卡车，我们写封信给窑厂老板，再推选几个学生代表把我们的想法跟窑厂老板沟通一下。

窑厂的老板是张阿姨，她热情地接待了我们，并读了同学们的信。

尊敬的窑厂厂长：

您好！我们是浦口区行知小学四（1）班的学生，在您的窑厂里有一群正在我们学校读书的孩子。他们的家里没有书桌，有的孩子在床上写作业，有的在腿上画画，条件好一点的就在非常矮的书桌上做作业。

我们知道这件事后，就组织同学们进行了讨论，写了一份建议书给杨校长。我们的杨校长已经同意将这些书桌赠送给你们那里没有书桌的学生。同时我们也想征求您的意见，能否派一辆大车子把这些书桌运回去。

希望您能满足我们的心愿，为这些孩子献出您的爱心。

请接受我们四（1）班全体同学对您的深深祝福：健康、幸福、万事如意！

行知小学四（1）班

2010年11月10日

张阿姨看完信后，随即派窑厂的大卡车来学校拉走了这些课桌，还给我们的学生写了一封回信。

四（1）班的同学们：

感谢行知小学校领导对华山砖窑厂职工孩子们（小学生）生活、学业上的关爱，我代表全厂职工向行知小学校领导表示衷心的感谢！

华山砖窑厂

2010年11月13日

　　同学们的行动得到了窑厂的支持，就这样，大家共同努力，圆满地完成了这次关爱活动。

　　一个星期后，我再到窑厂，没有想到的是，张阿姨把这些课桌都集中起来了，因为孩子家里条件简陋，尤其是灯光太暗了，她还专门腾出宽敞明亮的屋子让孩子们来学习。没过两天，住在窑厂的学生写了一篇日记《好心的老板》。他写的是窑厂老板张阿姨对这些孩子生活的关心：建浴室让他们洗澡，每月给10元钱让他们上街去理发，有时还给他们发一些日用品等。

　　这件事带给学生们的感触还是比较深刻的，在关爱教育活动中，学生都沐浴在浓浓的关爱氛围中，不但促进了良好道德品质的形成，也培养了策划、组织、协调和沟通的能力，加深了对关爱他人的理解。

我的行动计划

　　通过上述讨论，想必您对行知小学的生活教育实践有了一定的认识，您是不是也有了自己对本校或本班级进行生活教育的一些新的想法和思路呢？不妨及时地写下来吧。

三日谈 | 幸福是奋斗出来的
——劳动与教育

情境引入
- 诚实劳动，创造美好生活

随园夜话

问题聚焦
- 如何针对不同阶段、不同类型、不同地区的学校设计和开展劳动教育？

名师视角
- 班级劳动教育的"知"与"行"

专家解读
- 对劳动教育的几点认识

高手支招
- 城市小农夫：劳动教育课程的创意设计与实施

实践探索
- 劳动课程设计

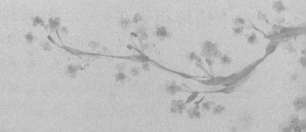

﹝随园小语﹞

光荣属于劳动者，幸福属于劳动者。

——习近平

劳动最大的益处还在于道德和精神上的发展。这种精神发展是由和谐的劳动产生的。

——马卡连柯

志向是天才的幼苗，经过热爱劳动的双手培育，在肥田沃土里将成长为粗壮的大树。不热爱劳动，不进行自我教育，志向这棵幼苗也会连根枯死。确定个人志向，选好专业，这是幸福的源泉。

——苏霍姆林斯基

〔情境引入〕

劳动是创造物质财富和精神财富的过程，是人类特有的基本社会实践活动。劳动教育是发挥劳动的育人功能，对学生进行热爱劳动、热爱劳动人民的教育活动。当前实施劳动教育的重点是在系统的文化知识学习之外，有目的、有计划地组织学生参加日常生活劳动、生产劳动和服务性劳动，让学生动手实践、出力流汗，接受锻炼、磨炼意志，培养学生正确的劳动价值观和良好的劳动品质。

诚实劳动，创造美好生活

2020年7月7日，教育部向全国各级学校印发关于《大中小学劳动教育指导纲要（试行）》的通知，全面落实《中共中央国务院关于全面加强新时代大中小学劳动教育的意见》，加快构建德智体美劳全面培养的教育体系。劳动教育是新时代党对教育的新要求，具有鲜明的思想性、突出的社会性、显著的实践性，要让学生在劳动中学会建设世界，塑造自己，实现树德、增智、强体、育美，具有创造美好生活的能力。

劳动教育主要包括日常生活劳动教育、生产劳动教育和服务性劳动教育。日常生活劳动教育立足个人生活事务处理，结合开展新时代校园爱国卫生运动，注重生活能力和良好卫生习惯培养，引导学生树立自立自强意识。生产劳动教育要让学生在工农业生产过程中直接经历物质财富的创造过程，体验从简单劳动、原始劳动向复杂劳动、创造性劳动的发展过程，学会使用工具，掌握相关技术，感受劳动创造价值，增强产品质量意识，体会平凡劳动中的伟大。服务性劳动教育让学生利用知识、技能等为他人和社会提供服务，在服务性岗位上见习实习，树立服务意识，实践服务技能，在公益劳动、志愿服务中强化社会责任感。

当今，劳动教育被提到前所未有的高度，人们也认识到劳动教育在孩子全面发展、精神面貌提升中的重要作用。但面对日益激烈的竞争、升学的压力，多数家庭以独生子女为主，劳动教育说起来重要，但在实践中很多家长却舍不得让自己的孩子吃苦受累，课表中的劳动课程被挤占的现象比比皆是。因此，劳动相关的教育值得讨论。

我的故事

在学校或家庭劳动指导中，相信各位班主任都会有一些思考或实践尝试，请您用简洁的语言写下自己在班级中开展劳动教育的探索。

困 惑 一

我们都知道劳动教育在学生全面发展中具有重要作用，但受场地等局限，学校该如何开展劳动教育？

观点一：劳动教育强化劳动观念，弘扬劳动精神。

【随园夜话】

将劳动观念和劳动精神教育贯串人才培养全过程，贯串家庭、学校、社会各方面。注重让学生在学习和掌握基本劳动知识技能的过程中，领悟劳动的意义价值，形成勤俭、奋斗、创新、奉献的劳动精神。虽然城市里很多学校受到时空制约，但是仍可以因地制宜开展适合学生年龄特点的劳动教育。如小学低年级学生开展以个人生活起居为主

要内容的教育，培养劳动意识，懂得人人都要劳动，感知劳动乐趣，爱惜别人的劳动成果，弘扬劳动精神。

观点二：强调身心参与，注重手脑并用。

虽然学校劳动教育会受到时空等因素的限制，但教育者可以把握劳动教育的根本特征，让学生面对真实的个人生活、生产和社会性服务任务情境，亲历实际的劳动过程，注重运用所学知识解决实际问题，提高劳动质量和效率。可指导小学低段学生完成个人物品整理、清洗，进行简单的家庭清扫和垃圾分类等，树立自己的事情自己做的意识，提高生活自理能力；参与适当的班级集体劳动，主动维护教室内外环境卫生等，培养集体荣誉感。中高年级学生可以开展校园劳动和家庭劳动教育，体会劳动光荣，尊重普通劳动者，初步养成热爱劳动、热爱生活的态度。如参与家居清洁、收纳整理，制作简单的家常餐等，每年学会1—2项生活技能，增强生活自理能力和勤俭节约意识，培养家庭责任感。参加校园卫生保洁、垃圾分类处理、绿化美化等，适当参加社区环保、公共卫生等力所能及的公益劳动，增强公共服务意识，初步学会与他人合作劳动。初中的学生则可以兼顾家政学习、校内外生产劳动、

服务性劳动，开展职业启蒙教育，体会劳动创造美好生活，养成认真负责、吃苦耐劳的劳动品质和安全意识，增强公共服务意识和担当精神，初步形成对学校、社区负责的态度和社会公德意识。

观点三：将劳动教育纳入人才培养全过程，丰富、拓展劳动教育实施途径。

如独立开设劳动教育必修课；在学科专业中有机渗透劳动教育；在课外、校外活动中安排劳动实践，将劳动教育与学生的个人生活、校园生活和社会生活有机结合起来，丰富劳动体验，提高劳动能力，深化对劳动价值的理解。如设立劳动周，采用专题讲座、主题演讲、劳动技能竞赛、劳动成果展示、劳动项目实践等形式进行；在校园文化建设中强化劳动文化，通过制定劳动公约、每日劳动常规、学期劳动任务单，采取与劳动教育有关的兴趣小组、社团等组织形式，结合五一劳动节、志愿者日等，开展丰富的劳动主题教育活动，营造劳动光荣、创造伟大的校园文化，举办"劳模大讲堂"，优秀毕业生报告会等劳动榜样人物进校园活动，组织劳动技能和劳动成果展示，综合运用讲座、宣传栏、新媒体等，广泛宣传劳动榜样人物事迹，感受并领悟勤勉敬业的劳动精神，争做新时代的奋斗者。

困 惑 二

在科技高速发展的今天，我们如何与时俱进开展新时代的劳动教育？

观点一：要注重体力劳动，更要关注脑力劳动。

随着社会的发展进步，脑力劳动比重增大，服务性、消费性的劳动比重增大，复合性劳动、创造性的劳动比重增大。劳动教育需要继承优良传统，更要彰显时代特征。在充分发挥传统劳动、传统工艺项目育人功能的同时，紧跟科技发展和产业变革，准确把握新时代劳动工具、劳动技术、劳动形态的新变化，创新劳动教育内容、途径、方式，增强劳动教育的时代性。积极与物联网、云计算、大数据、人工智能等新技术相衔接，不断创新劳动教育形式，运用人工智能技术搭建网络空间、虚拟环境教育情境，鼓励学生运用多元学科知识，开展创造性劳动。如可以把农业科技引进校园，建立"开心农场""农具博物馆"，引进大棚滴灌、智能化耕作等，增加劳动教育中的科技含量。

观点二：充分发挥学生在劳动教育中的主体作用，激发创新性。

关注学生劳动过程中的体验和感悟，引导学生感受劳动的艰辛和收获的快乐，增强获得感、成就感、荣誉感。鼓励学生在学习和借鉴他人丰富经验、技艺的基础上，尝试新方法、探索新技术，打破僵化思维方式，推陈出新。

困 惑 三

家长更关注学生的学业成绩，对劳动教育表现冷淡，班主任该如何加强家校沟通，促进劳动教育的家校合作？

观点：通过多种方式加强家校沟通，让家长看到劳动的价值。

对于开展劳动教育，家长表现比较冷淡甚至反感，往往出于担心孩子使用工具安全问题或耽误学习的时间等考虑。对此，学校可以通过家长会、写信等方式与家长沟通，并请家长轮流参与到劳动课堂中来，让家长感受到孩子们对劳动的喜爱，看到他们的收获以及通过劳动获得的多维的发展，从而逐步认同并给予积极的支持与配合。

我的观点

上述讨论中所提到的困惑，您是否也有过呢？对于当下的劳动教育，您还有其他补充或不同的观点吗？请您与我们一起分享吧！

班级劳动教育的"知"与"行"

夏宛莹[1]

"知行合一"最早是由明代大儒王阳明提出来的。王阳明是谁？他是中国"两个半圣人"的其中一个。在今天我们看"知行合一"好像就是说要把理论付诸实践，但这和王阳明的观点有出入。在王阳明看来"知与行"为一体，知必然要表现为行，不行不能算真知。用在我们的班级劳动上，可以大概从以下几个方面来讲。

一、为"致良知"奠基

"致良知"是王阳明思想的核心之一。在王阳明的观点中，"知"与"行"主要侧重道德领域。"知"主要指人的道德意识和思想意念。"行"主要指人的道德践履和实际行动。王阳明认为知行是一回事，不能分为"两截"。即知行虽然是两个字，但是却在说一个工夫。从道德教育上看，王阳明极力反对道德教育上的知行脱节及"知而不行"，突出地把一切道德归之于个体的自觉行动。那在我们的班级劳动中，如果我们只是单纯地告诉学生做什么而不告诉他们为什么要做，或者理论讲太多，都是不全面的，因为道德意识离不开道德行为，道德行为也

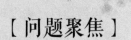

【问题聚焦】

如何针对不同阶段、不同类型、不同地区的学校设计和开展劳动教育？

通过讨论，我们不难发现当代劳动教育对学生全面发展具有举足轻重的作用。恰当地引导学生开展劳动教育关系着学生的前途、国家的未来。班主任需要因地制宜，针对不同阶段、不同类型、不同地区的学生特征开展劳动教育。那么，该如何设计与开展劳动教育呢？班主任需要对此做深入的思考与探索。

_____

_____

_____

_____

① 提供者：夏宛莹，南京师范大学附属实验学校高中教师，优秀班主任。

离不开道德意识。二者互为表里，不可分离。同时，我们也应该鼓励学生自己去思考，做一件事情是为了什么？因为每一个行为的背后，都有着一种认知，不管这种认知是潜意识的还是有意识的。我们希望学生能够慢慢地自己去发现做一件事的原因，背后的"知"是什么，当他们养成了这样的习惯，那就奠定了人生"致良知"的基础。

二、存善去恶

老师们会怀疑班级劳动能有这么大的作用吗？是不是有点夸张了？其实不然。因为我们都知道有句话叫"勿以恶小而为之，勿以善小而不为"。班级劳动其实不算是一件小事，因为它是我们班级的日常活动之一，且每一位学生都会参与，学生是否把自己的劳动任务完成好其实也是学生态度的一种体现。当然，我们并非要求班级劳动的结果必须是教室一尘不染，但保持窗明几净应该是普遍的要求与标准。如果学生知道这一点，也就在心中种下了"善"的种子。因为王阳明有一个经典的"四句教"，即"无善无恶心之体，有善有恶意之动。知善知恶是良知，为善去恶是格物"。也就是说人的初心是无善也无恶的，意念一旦产生，善恶也随之而来。那班级劳动中，一定会有人起心动念，有的同学可能会来个恶作剧，有的同学可能会搞个小破坏，这些事情其实都有善恶的边界，一旦越了界，就有了恶。如果意念产生的时候能区分善恶的边界，比如为了搞笑的小恶作剧是善意的，而潜意识的搞破坏是非善意的，那心中就有了"良知"。我们有了这种追寻"良知"的愿望，就会为善去恶，就要在格物中体现。格物是什么，是我们日常行为的种种，作为学生，其中之一的体现，便是班级劳动。所以实际上，班级劳动看似日常，但也可以见微知著。这也是我们说的"九层之台，起于垒土；千里之行，始于足下"。

说到"知与行"，我们自然而然会想到一位近代教育家——陶行知先生。他的名字就深刻体现了"知行合一"的重要性。但陶行知先生和王阳明的知与行观点相左。他否认了王阳明所说的"知是行之始，行是知之成"的言论，认为应该是"行是知之始，知是行之成"。我们从中看到了"知行合一"的重要性。如果在班级劳动教育中，我们能引导学生将"行"与"知"统一起来，引导他们在"行"时想到"知"，在"知"后做到"行"，那他们就真正做到了在"做中学"，在"学中做"，那我们的教育可能就越来越接近成功了。

三、如何在班级中践行劳动教育的"知行合一"

（一）正面强调劳动光荣

认识是行动的先导。解决认识问题离不开正面强调。由于学生学习任务繁重，脑力劳动直接或间接地占用了体力劳动的时间。由于缺乏相应的评价机制，学校过分重视智育，导致劳动教育长期缺位。面对这种情况，教师要反复正面强调"幸福是奋斗来的""劳动是财富的源泉"等观念，让学生明白农民耕田、工人建造、军人卫国都是劳动，虽然分工不同，但只要尽职尽责便是光荣的。

1. 要利用好班会这一阵地

班会是对学生进行思想道德教育的有效形式，老师可以通过召开劳模故事分享、劳动标兵演讲、劳动价值辩论、劳动精神励志等主题班会，增强学生对劳动价值的认同，促进学生劳动自觉。

2. 要利用好家长会

通过与家长互动，不断扩大家校共识，解决劳动教育在家校之间此消彼长或者此强彼弱的问题，从而增进理念趋同，形成劳动育人的合力。

3. 要利用好学生日常生活中的细节

言传身教，循序渐进地加强劳动教育渗透，帮助学生牢固树立劳动光荣的思想观念。

（二）系统规划劳动课程

劳动教育体系化、课程化也是促进学生全面和谐发展的必然要求。老师可根据不同学段的要求，确立学生全年内每月劳动实践的单元主题，形成劳动教育课程体系。比如，一月习得班级大扫除技能，二月在家学做一道拿手菜，三月学习植树和花草养护技能，四月动手做风筝或简单编织，五月开展"向劳动者致敬"实践活动，六月参与夏收农忙，七月开展个性化职业体验，八月争当校园净化使者，九月做新生入学导引员，十月开展重阳节"敬老孝亲"志愿者服务活动，十一月开展生存生活安全技能展示，十二月开展"发现身边劳动美"征文活动。

系统规划劳动课程要把握好如下原则：

一是突出实践性，鼓励学生实践参与、动手操作，避免纸上谈兵。

二是体现实用性，要贴近生活，让学生学以致用。

三是强调激励性，要降低难度，很多技能的掌握不可急于求成，要允许反复，重要的是让学生保持对劳动的兴趣和认同，不断激励学生在"做中学"和"学中做"，逐步达到熟练水平。

（三）全面开展劳动实践

在考试指挥棒下，学生体力劳动机会大大减少，这是不争的事实。为了解决这一问题，老师要本着量力而行和贵在参与的原则，全面开展劳动实践，让学生在劳动实践中学会劳动。

1. 在班级日常劳动中设置并细化班级劳动岗位

老师要坚持指定与自觉认领相结合的原则，设置并细化班级劳动岗位。制定岗位职责，明确劳动标准，督促学生参与劳动，鼓励学生自觉劳动。

2. 创造性地提供校内公益岗位

老师除了引导学生参加力所能及的班级劳动外，还可以创造性地提供校内公益岗位，比如食堂帮厨工作、校园绿化活动等，拓展劳动途径，充实劳动内涵。

3. 协同家长开展班级主导、家庭参与、父母监督指导的家务劳动项目

培养学生劳动意识和习惯，家长也有责任。老师要协同家长开展班级主导、家庭参与、父母监督指导的家务劳动项目，如学生每月可动手制作一次亲情餐，每周清洗自己的大件衣物，每日叠被子、洗袜子、洗餐具、打扫卧室卫生等，让家庭劳动日常化。

4. 节假日组织校外劳动

比如植树、护林、清扫街道、为孤寡老人和军属做好事等义务劳

动，参加饲养、编织、修理、采集、制作等简单的生产劳动。

（四）及时进行劳动评价

及时、客观的劳动评价具有导向、诊断和鉴别等重要作用。老师要利用好班级管理评价这一有效抓手，定期对学生劳动实践参与和劳动技能掌握情况进行评价，以营造劳动竞赛氛围，形成劳动竞争机制，为学生养好劳动的习惯提供条件。

1. 老师可将学生综合素质评价作为切入点，全面考虑学生德智体美劳等方面日常行为细节

做好班级学生量化纪实登记，结合班级每月劳动序列化课程内容，实施劳动每日写实登记、每周量化评比、每月通报表彰，及时诊断劳动过程，分析劳动效果，肯定劳动价值。

2. 老师可以开展班级"劳动之星""劳动标兵""劳动模范"的定期评定

这样做一方面可以发挥榜样作用，进行考核激励，另一方面可以发挥"兵带兵"平行教育的优势，引导同学之间手把手教授劳动技能，提高劳动本领。

3. 老师利用班级小报和班级橱窗，设置劳动专栏，推介劳动先进事迹，讲述劳动故事

这里也可以介绍本校学生先进事迹，这样可以让学生明白劳动就在身边，也可以让孩子收获劳动带来的荣誉，鼓励学生见贤思齐。

4. 依托全国志愿服务平台，提倡成立班级志愿服务小组，将学生信息纳入系统，定期参加相关活动

这可以培养学生志愿服务和社会参与意识。不过需要注意的是这项评价要考虑到各位老师所在学校的实际情况。

"三位一体"评价体系——学生家长评价、任课老师评价和同学互评相结合。全面了解和掌握情况，形成立体化、多维度、广视角的评价体系。通过以上班级劳动教育的开展，切实让学生做到"知行合一"。

对劳动教育的几点认识

黎鹤龄[①]

一、重视劳动教育是针对什么而来的

当前，一股重视劳动教育的热潮滚滚而来，它是针对什么的呢？很多人一说起来，就指大中小学生都不爱劳动、不会劳动、贪图享受等等。其实，这只是现象，原因主要还在于相当多的学校本身教育思想不端正，缺乏立德树人的坚定性，办学理念中没有劳动教育的思想，课程中没有劳动；许多家长剥夺了孩子的劳动机会。相当多的人，还会怪罪社会和家长的影响。教育，应该是有目的、有计划的思想与行动，教育应该影响社会潮流，而不是被社会潮流所影响。因此，真心办教育的同志，在落实劳动教育文件活动中，首先要检查自己的办学思想和课程设置。错误的思想不清除，即使把劳动纳入了课程，制订了计划，标语口号上了墙，也只能是走过场，应付而已。

南京师范大学附属实验学校夏老师在《班级劳动教育的"知"与"行"》一文中说："在考试指挥棒下，学生体力劳动机会大大减少，这是不争的事实。为了解决这一问题，老师要本着量力而行和贵在参与的原则，全面开展劳动实践，让学生在劳动实践中学会劳动。"作为一线的骨干教师，能这样考虑，难能可贵。而办学者就要好好想了，教育怎么就由"考试指挥"呢？"立德树人"难道只是口号吗？"立德树人"不是不要考试，而是不能被考试牵着鼻子走。以育人为己任的学校，要坚持自己的全面育人方针。这样的学校，考试也不会差。真正按"立德树人"方针办学的同志，还要看到"怕搞了劳动教育会影响成绩"的担忧，其实是个伪命题。

学校的办学者，能够摆正"劳动"同"立德树人"、同"考试"的

关系，学校的劳动教育才可能落实，班主任在这方面的工作，才可能不会那么吃力，才可能会有创造性的成果。

作为优秀的班主任，对教育环境要有清醒的认识，对外部环境不真心认同和支持自己的做法，也能坦然对待，坚持智慧地开展真正有益于孩子终身发展的劳动教育。

二、儿童劳动首先是一种生活需要

要开展劳动教育了，许多学校有关领导和骨干都忙活起来，安排计划，落实场所，组织师资，等等。教育部的文件，方方面面都做了考虑，对各学段都做出了具体要求，为基层学校安排劳动教育提供了方便。老师们担心：又要忙了。

其实，儿童劳动首先是他们的一种生活需要，对劳动教育完全应该持一种平常心。孩子生下来就要动，这是天性。一两岁就要自己拿凳子坐，抢扫帚扫地，对他来说，这是游戏，但不也是劳动吗？

做父母的大都了解，孩子在学龄前和小学中低段的时候，都是比较爱劳动的，什么都喜欢做。这不是受到什么教育，而是天性使然。问题出在大人身上：小时候，怕孩子做不好，这不让碰，那不给摸；孩子大点了，怕耽误孩子学习，这不许做，那不让搞。典型的话是"你好好学习就行了，家里事你不用管"，孩子们的劳动机会一次次被剥夺。他们的劳动意愿、劳动热情，也一次次被打击，渐渐就泯灭了。

这样看来，开展劳动教育，主要障碍不在孩子在大人。劳动教育，首先是对家长的教育，对学校领导的教育，对教师的教育。

三、劳动是一种综合性的教育活动

过去，学校开展劳动教育，多是关注"思想品德教育"。今天，我们仍然要关注这方面，同时，要考虑从多方面让学生受益。

南京理工大学实验小学两位老师的文章《城市小农夫：劳动教育课程的创意设计与实施》就给了我们很多启发。学校研发了三大富有童趣的创意特色劳动课程，它们是"知行合一，在真实情境中体验实践性劳动""创意表达，在自然创想中实现艺术性劳动""日新月异，在项目化学习中开展创造性劳动"。这三种课程，有交叉或重合的部分。学生在这些劳动活动中浸润和锻炼，各方面素质是会得到提高的。

其实，教育就应该是综合的。教育中的各个学科，甚至各种领域，往往是交织在一起的。只是长期的学科本位思想，现行的学科教研体制，造成学科之间分隔。这对学科学习有一定好处，但它极大地妨碍整体育人方针的落实。新的劳动教育设计，就要克服分科教学的弊端，努力在劳动活动中让孩子们尽可能多地吸收各方面的营养。

以做叶脉书签为例，这是一项劳技活动，但又何尝不是美工活动和科学活动呢？你看，采集树叶，是户外活动，学生的安全、卫生知识要学习吧？选择什么样的树叶、如何选择，涉及审美和观察能力的培养，也要学习。树叶采来，用什么溶剂浸泡树叶，是化学的学习。叶脉书签做得很漂亮，能不能作为小工艺品进行义卖，是商业知识学习。义卖的收入如何支援贫困同学，又有了品德的学习。这项劳动如此，其他劳动不也可以这样考虑吗？

四、家校合作的劳动教育值得提倡

收入本书的南京外国语学校仙林分校燕子矶校区小学部的劳动教育课程设计，有许多可圈可点之处。其中之一，他们不仅考虑劳动教育的"学校阵地""社会阵地"，还设计了"家庭阵地"："（1）鼓励家长设立家庭劳动事务清单，作业单中每月设立家庭劳动主题，让孩子参与到家庭劳动中来。……"

"家庭阵地"的劳动要科学有效，离不开学校参与甚至主导的设计、计划和对家长的培训。这种效果可期的劳动教育，就是家校合作的劳动教育，值得提倡。

说值得提倡，是因为这样做有利于实现劳动的教育需要与生活需要的统一，还在于学生劳动的时空有了保证。一年中，学校放学后、寒暑假和节假日，孩子在家的时间比在学校多，生活自理和家务劳动的机会也比在学校多。如果不注意挖掘家庭劳动时空资源，只在学校有限的时空打主意，岂不是捡了芝麻丢了西瓜？好多因为校内没有能开展种植活动的土地而苦恼的领导，为什么不在家庭劳动教育上多做些思考呢？南外仙林分校燕子矶校区小学部不仅从思想上对此有正确认识，而且落实到课程安排上，落实到指导上，对每个年级学生在家里的劳动，都提出了可行目标和内容，值得借鉴。

我还注意到，这所学校，在给家长的建议中，希望从三年级起，就让孩子参加厨房劳动，这是很有见地的。这让我想起美籍华人科学家朱棣文，他是1997年诺贝尔物理学奖获得者。他早在20年前就提出"应该让孩子从小学会下厨"①。朱棣文回忆说，小时候，有一次家里三兄弟跟妈妈在厨房包馄饨，大家排成一列，妈妈负责调馅，三兄弟则分别擀面皮、放馅、捏合，好像工厂里的生产线。一场近乎游戏的家庭活动把朱棣文"留"在厨房里。学得几种"花样"，上了中学的朱棣文就常下厨，带饭到学校去。他香气四溢、种类丰富的饭菜令那些只知道三明治加牛奶的美国同学羡慕不已。后来上了大学进了研究所，他仍然会拿着菜谱"研究"一番，成果自然还是大家分享。下厨做饭也让他在事业上受益良多。他觉得，动手下厨像实验一样可以训练一个人的专注与解决问题的能力，特别是在冰箱里找剩菜，拿仅有的材料下厨，"在有限资源中求变，这种经验、能力，对解决我日后所面临的瓶颈，有很大的助益"②。

将厨房劳动作为重要课程是有道理的，它的确是一种综合的教育。它面对的是系统的问题，除了态度和情感，还有如对食材、对各种烹饪器材的认识和使用，对火的认识与掌握，对刀工和烹饪技术的学习，菜肴美学入门，等等。孩子如在合适的时间里能沉浸在厨房劳动中，一定美不胜收。

日本育儿专家坂本广子写了一本书，叫《厨艺展示篇——能力比知识更重要》，是"影响孩子一生的11个生活技能"丛书中的一本。她在这本书的前言中说："在某种意义上我提倡'厨房育儿'，厨房工作和育儿密不可分。""一日三餐虽然很平常，但就在每天的琐碎、重复、细小的厨房工作中可以增强孩子们所欠缺的自信，让他们体会到为他人服务的喜悦。这些对孩子长大成人会产生深远的影响。"和朱棣文教授

① 陈骁.朱棣文：应该让孩子从小学会下厨[J].上海教育，2002（13）：51.
② 凯旋."诺贝尔大师"里的烹饪高手[J].青少年科技博览，2005（9）：4.

所说的异曲同工。

这些专家的主张和做法，对我们开展家校合作推进有效可行的劳动教育，无疑是非常大的鼓舞。

国家和学校，对家庭劳动给出了很好的意见，而学生家庭在落实这些意见时，可能会遇到许多困难，诸如思想上的、指导方法上的、时间上的，这时，学校的培训，班主任的指导，就显得特别重要。

城市小农夫：劳动教育课程的创意设计与实施

许小娟　杨婷[①]

小学阶段，劳动教育在培养学生爱劳动的品质、增强学生的体质、磨炼意志、促进身心健康发展、丰富学生对人生的理解中都起着重要的作用。地处城市中的学校如何有效开发劳动教育课程资源，促进学生把知识转化为能力，增进智慧？南京理工大学实验小学依托学校周边沿河隔离带的地理环境，在社会多方支持下，开发了近万平方米的自然实践园，并依托立项的江苏省重点自筹课题"滋养童年：城市'小农夫'主题综合实践活动的研究"，全面建设和推进"城市小农夫特色课程"，研发了三大富有童趣的创意特色劳动课程。

一、知行合一，在真实情境中体验实践性劳动

1. 播种格桑花

首先利用1—2次班会课时间，通过美丽的格桑花图片展示、小故事宣传以及精妙的种植护理技巧和有奖问答，加深了一年级学生对格桑花、对种植的认识和理解，激发了学生探索大自然和渴望劳动的欲望。接着，在学校的组织和高年级学生的带领下，让一年级学生经历培育花

---

① 提供者：许小娟，南京理工大学实验小学副校长，玄武区首届德育学科带头人，江苏省优秀青少年科技教育校长、南京市青年岗位能手。杨婷，小学一级教师，南京理工大学实验小学教科室主任，玄武区优秀教育工作者，江苏省蓝天杯教学设计一等奖获得者。

种的过程。这既让一年级学生在培养过程中体会到劳动的快乐，又让高年级学生的主题研究能力和团队合作能力得到锻炼和提升。

2. 田园美食坊

为顺应学生的身心特点，学校特地在自然实践园里创设了有趣的劳动实践特色课程——田园美食坊。在这里，教师时常带着学生参观自然实践园，通过查阅资料、询问他人等方式对果蔬进行分析和比较，筛选出所需要的最佳食材。同时，教师组织学生亲自动手制作美食，在一次次的捏、搓、揉中，享受实践劳动所带来的成就感和满足感，在劳作过程中了解美食文化，感受厨艺的魅力。

二、创意表达，在自然创想中实现艺术性劳动

1. 户外美术课堂

在自然实践园里，有学生用画笔写生欢快活泼的小兔子，也有学生在凝神静气地描绘果树，这是一道美丽的风景，同时也是学校美术校本课程的教学内容。比如《我的地图》这一课例，让学生一改他们对地图惯有的刻板印象，低年级学生创造性地采用"拼贴""符号化"等概念手法创作出充满稚趣的《自然实践园小地图》，让学生在动手操作的过程中不断突破、勇于挑战。

2. 自然实践园寻春之旅

结合语文、数学、英语、科学、美术等多门学科的特点开展实践性活动，融知识性、劳作性和趣味性于一体，优化综合能力评价模式。学校将已学内容和自然实践园相结合，把书本知识设计成学生喜欢的闯关内容，划分不同板块，让学生在自然中成长，在劳动中学习。比如参考语文学科知识结构，结合听、说、读、写，设计了闯关任务"实践园里听童谣""实践园，我多想去看看""我来当回小导游""我是小小书法家"和"闯关达人就是我"。

三、日新月异，在项目化学习中开展创造性劳动

1. 自动化灌溉系统

学校自然实践园里大面积的农作物种植，为学生的实践活动和教科研团队校本课程的开发提供了丰厚资源。但如果雨水不充足，人工灌

溉会非常麻烦。于是,怎样更科学地灌溉,成为学生需要思考的问题。几经研讨,学生决定自主设计自然实践园的自动化灌溉系统。在方案实施过程中,通过以问题情境为背景的项目化学习,引导学生独立发现问题、提出问题、分析问题并解决问题,全程参与到研究中,基于解决问题展开项目化学习。随后,各小队形成自动化灌溉系统的初步模型图纸设计,队员们在小队合作学习的过程中对自动化灌溉系统的设计不断完善,在教师、家长、专家的指导下,将各自的设计不断优化。最终学校也为此专门召开了"自动化灌溉系统成果发布会"。

2. "双十一"特卖节

11月11日,即近年来炙手可热的"双十一"活动日,对于学生而言,也是一个快乐实践、体验劳动的好机会。学生自主策划和设计一系列活动,最终制定收割方案,选取青菜、萝卜、红薯等蔬菜,分班级在各自的"领地"进行"双十一"特卖活动:有的前往附近的小区义卖,有的在菜场门口摆摊售卖,有的选择在人流量较大的路口进行销售。经过前期策划,学生在销售方式上各显神通。为了提高售卖效率,他们在交易环节中还准备了微信和支付宝二维码供顾客自由选择。最终赚得的菜钱也各自想办法做公益活动,为社会贡献一份自己的力量。学校根据每个班级呈现的不同特点,最终评选出最佳团队奖、最佳营销奖、最佳宣传奖、最佳贡献奖和最具活力团队奖。

劳动课程设计

南京外国语学校仙林分校燕子矶校区小学部

【实践探索】

一、指导思想

依据教育部《大中小学劳动教育指导纲要(试行)》,本校开设劳动教育必修课程,将劳动素养纳入学生综合素质评价体系。充分发挥劳动的育人功能,对学生进行热爱劳动、热爱劳动人民的教育活动，强化学生劳动观念，弘扬勤俭、奋斗、创新、奉献的劳动精神；做到全身心参与，手脑并用，亲历实际的劳动过程；在充分发挥传统劳动工艺项目育人功能的同时，紧跟时代步伐；充分发挥学生的主动性、积极性和创新性，培养劳动品质和精神。

依据《大中小学劳动教育指导纲要（试行）》，学校围绕日常生活劳动教育、生产劳动教育和服务性劳动教育三个方面，构建适合本校不同年段学生的劳动教育课程，并在课程中融合垃圾分类等环境保护内容。充分发挥值周中队和志愿者作用，参与班级、校园、家庭和社会劳动实践。此外，紧扣时代步伐，开展"新劳动"研究，让劳动教育与时俱进，让学生在劳动课程中培养奋斗精神、诚信品质，提升创造力。

二、劳动课程理念："俭以养德，勤以善行"

（一）突出学生主体性

倡导学生对活动主题的自主选择和主动实践。劳动课程充分发挥学生主体性，引导学生积极参与、自主探究，同时教师有针对性地加以引导。处理好学生的自主选择、主动实践与教师的有效指导的关系。

（二）面向学生生活

劳动教育要面向学生生活，密切联系他们的生活经验和社会发展实际。如学生日常生活的劳动教育要立足学生个人生活事务处理，培养良好生活习惯和卫生习惯，强化自立自强意识；生产劳动教育要让学生体验工农业生产创造物质财富的过程，增强产品质量意识，体会平凡劳动中的伟大；服务性劳动教育要注重让学生利用所学知识技能，服务他人和社会，强化社会责任感。突破课堂局限，走进生活，走向自然，面向社会与未来。

（三）注重学生实践性

劳动课程的本质在于培养学生勤俭节约、劳动奉献的精神，强化学生的相关劳动技能，劳动教育课程要与学生的日常生活密切相关，设计具体、合理的活动，让学生考察、探究、实验、体验等实践活动，并能在开放的时空中予以保障。

三、劳动课程目标

1. 思想认识：强调理解和形成马克思主义劳动观，牢固树立劳动最光荣、最伟大、最美丽的观念，培养学生正确的劳动价值观和良好的劳动品质。

2. 情感态度：体会劳动创造美好生活，体认劳动不分贵贱，热爱劳动，尊重普通劳动者，争当新时代的劳动者，培养勤俭、奋斗、创新、奉献的劳动精神。

3. 能力习惯：具备满足生存发展需要的基本劳动能力，形成良好的劳动习惯。

四、劳动课程内容设计

学校阵地：

（1）将劳动教育与课堂教学相融合，挖掘学科中的劳动元素（习作、阅读、手工、绘画、歌曲、主题研究等）。

（2）通过班会、升旗仪式等阵地环节宣传与指导劳动教育。

（3）班主任在班级管理中带领学生制定班级劳动清单，设立劳动岗位，做到人人为班级服务。大队部加强志愿者工作的指导，设立校园服务岗，参与餐厅和校园公共区域的管理与劳动。

（4）结合学校"演讲节""读书节"开展系列劳动教育活动。

（5）完善评价机制，设立"劳动小标兵""节约小能手"等奖项，做好周总结，月评比。各年级设立劳动成果展板，为学生提供展示平台。

（6）借助春秋游组织学生开展劳动实践。

家庭阵地：

（1）鼓励家长设立家庭劳动事务清单，作业单中每月设立家庭劳动主题，让孩子参与到家庭劳动中来。

（2）开展"亲子角色交换""我当一天家""职业体验"等活动，让学生了解爸爸妈妈的职业及相关的劳动内容，体会父母劳动不易，尊重别人的劳动成果。开展家庭"勤俭之星"评比活动，鼓励孩子学习身边榜样，自己努力成为榜样。

社会阵地：

（1）结合我国传统节日，如劳动节组织学生开展劳动技能竞赛，如叠衣服比赛，植树节组织学生开展植树活动，父亲节、母亲节引导学生主动承担家务回馈父母等。

（2）可以探访社区志愿服务工作者，了解他们的工作内容，尝试做一个社区"小小志愿者"。

表3-1　各年级具体劳动教育内容安排

年级	达成目标	教育内容
一	围绕劳动的启蒙，使学生认识劳动光荣，通过参观采访，初步培养学生爱劳动的观念，感知劳动乐趣，知道人人都要劳动，劳动可以创造财富。	家庭： 1.自己背书包上下学。 2.学会科学的"七步洗手法"、洗脸、刷牙技能等，学习搞好个人卫生。 学校： 1.结合一分钟演讲或每月一讲活动，宣讲中华劳动美德小故事。 2.学会整理书包和收拾抽屉。 3.学会用完餐有秩序地摆放汤碗。 4.学会扫地。 5.认识餐桌上美食的名称。 6.开展系红领巾比赛。 社会： 1.认识餐桌上食物的实地小考察。 2.参观一次爸爸妈妈的工作场所，进行"一对一"家庭小采访，开展爸爸妈妈"职业我知道"的宣讲活动，认识职业。
二	学生学习日常生活自理技能，主要安排一些力所能及的自我服务劳动，做好个人清洁卫生。做好自我服务劳动和其他劳动项目的训练和实践。	家庭： 1.学会铺床、叠被、系鞋带、剪指甲、手洗红领巾等。 2.学会使用洗衣机、吸尘器、电风扇、空调等家用电器。 3.学会剪指甲，学会叠衣服。

续表

年级	达成目标	教育内容
		学校： 1.校服穿戴整齐，佩戴好红领巾，做到"人走场清"和移动的周围一平方米无纸屑。 2.学会用拖把拖地。 3.学习"怦然心动的整理术"，指导学习用品收纳。 4.指导开展"家庭饮食浪费现象"小调查，初步探寻勤俭节约的方法。利用班会课，分享"家庭饮食浪费"小研究与节俭小妙招。 5.举行系鞋带比赛。 社会： 1.在街头或去餐馆对"粮食浪费现象"做小调查，了解粮食浪费现状。 2.发掘资源，引领学生去劳动生产基地参观，感受新时代智慧农场的特点。
三	围绕卫生、劳动习惯的养成、做好个人清洁卫生，主动分担家务，培养自己的事情自己做，集体的事情积极做的意识。	家庭： 1.能自己洗头、梳头、洗澡搓背，学会手洗小内裤，学习使用针线，会钉纽扣等。 2.开展"我当一天家"的体验活动，学会煎鸡蛋等，尝试列出家庭劳动清单并完成。 学校： 1.学习"怦然心动的整理术"，会整理自己的书桌。学会将学习用品摆放整齐、美观。 2.参与班级公共卫生打扫与维护，学会擦玻璃窗、黑板。 3.积极参加学校"演讲节""读书节"等，通过手工、绘画、朗诵、唱歌等形式展现劳动成果。开展叠衣服比赛。 4.春游劳动实践到田间探索"一碗米饭的来历"主题研究和植树活动。 5.围绕"我们的粮食安全吗？"话题展开研究，懂得珍惜粮食的重要性。 社会： 1.能自行乘坐公交车，能在家长陪同下进入图书馆等公共服务场所，了解其服务功能。 2.探访社区志愿服务工作者，了解他们的工作内容，尝试做一个社区"小小志愿者"。

续表

年级	达成目标	教育内容
四	除安排自我服务劳动以外,进行简单的生产劳动,学会与他人合作劳动,体会劳动最光荣。基本上做到自己的事情主动做,集体的事情积极做。	家庭: 1.了解厨房的卫生常识,学会洗碗、洗茶具。会摘菜、洗菜、淘米等。会换床单、被罩、枕套等。 2.会用电饭煲煮饭。学会西红柿炒鸡蛋。 3.学习并正确地进行垃圾分类。 学校: 1.参加升旗班劳动实践周活动,进餐厅、后勤服务。 2.参与餐厅服务工作:打饭、盛汤、收拾整理餐桌。 3.积极参加校内、校外志愿者服务工作,参与餐厅和校园公共区域的管理。学习植物防虫害、杀病菌的技能。 4.能对校园中产生的垃圾进行有效分类。 5.用手工、编织等作品装饰校园。 6.春游实践中体验木工的工作。 社会: 1.能够走进餐馆,进行社会餐饮浪费现象调查研究。 2.参加公益服务,如去敬老院劳动,帮助老人打扫卫生、表演节目。 3.开展假日活动,如成为社区交通安全小达人。
五	主要安排简单的生产劳动。在参加这些劳动的过程中,使学生初步认识劳动创造社会财富,劳动没有高低贵贱之分。	家庭: 1.继续学习物品收纳,能有条理地摆放室内物品,会晒被褥,清扫卫生间。 2.会烧一道简单的荤菜。 3.拟订家庭出游计划和出行攻略。 4.罗列家庭一日劳动事务清单并积极参与其中。开展家庭"勤俭之星"评比活动。 学校: 1.用墙画或制作装饰品装饰校园。 2.升旗的值周班级,参加餐厅、后勤等公共场所服务。如组织学生体验校园后勤美化工作,如去除校园绿化区杂草。 3.在班级养花种草,体验从播种到收获的全过程。 4.开展跳蚤市场活动,交换自己的手工作品等。 5.饲养春蚕,探究春蚕生长的秘密,体会养蚕人的艰辛。 6.开展"美食秀秀"活动。

续表

年级	达成目标	教育内容
		社会： 1. 在家长的陪同下，了解去医院就医流程。 2. 参加社区公益服务，进行勤俭养德、垃圾分类等宣传和服务工作。 3. 采访身边卓越和普通的劳动者，懂得职业背后的艰辛与价值，进行目标理想教育。
六	能够做到进行有创造性的劳动生产，体会劳动创造美好生活，体认劳动不分贵贱，热爱劳动，尊重普通劳动者，争当新时代的劳动者，培养勤俭、奋斗、创新、奉献的劳动精神。	家庭： 1. 学做馒头或包饺子，学会做一道荤菜。 2. 管理假期的家庭开支，一个月后做数据分析，给出家庭"勤俭节约"的建议。 3. 定期组织家庭会议，促进彼此沟通。 学校： 1. 劳动课上用针缝制垫子或布艺作品，锻炼手眼协调能力。 2. 春游实践中开展挖山芋、磨豆浆、包饺子活动。 3. 升旗的值周班级，参加餐厅、后勤等公共场所服务，学习做点心。 4. 参与校园绿化维护，学习绿植修剪。 5. 探究中国的饮食文化，加深对"勤俭节约"的认识。 社会： 1. 继续走进社区，深入开展志愿者服务行动，向人们宣传优良传统。走进儿童福利院，为福利院儿童提供切实帮助。 2. 走进食品加工厂，探究食品生产的过程，进行实践体验。

五、劳动课程的评价方式

1. 设立班级"劳动小达人"流动徽章

采用积分管理法，鼓励孩子们积极参与到劳动中来，周评时，按照人数比例评选，颁发班级劳动达人的流动徽章。

2. 研发学校劳动教育评价体系

通过学校组织的活动，给学生创造展示自我的机会，设立校级、年级"劳动小能手""勤俭家庭"等奖项，纳入"美德少年"评选的参考范围。

3. 劳动成果展示

各年级设立劳动成果展板，可以是孩子们平日劳动时美丽的身影，也可以是孩子们劳动成果与创意劳动作品展示，为孩子们提供充分的展示劳动成果的平台。

我的行动计划

通过上述讨论，想必您对南京外国语学校仙林分校的劳动教育实践有了一定的认识，您是不是也有了自己对本校或本班级进行劳动教育的一些新的想法和思路呢？不妨及时地写下来吧。

四日谈 让孩子也来做研究
——科学与教育

情境引入
- 乔布斯与科技革命
- 钱学森之问

随园夜话

问题聚焦
- 班主任如何开展科学教育?

名师视角
- 班主任如何开展班级科学教育

专家解读
- 如何看待班主任组织班级科学教育

高手支招
- 润物细无声

实践探索
- 班级建立小研究所

〔随园小语〕

提出一个问题往往比解决一个问题更重要，因为解决问题也许仅仅是一个教学上或实验上的技能而已。而提出新的问题、新的可能性，从新的角度去看旧的问题，都需要有创造性的想象力，而且标志着科学的真正进步。

——爱因斯坦

人的智慧掌握着三把钥匙，一把开启数字，一把开启字母，一把开启音符。知识、思想、幻想就在其中。

——雨　果

科学的事业就是为人民服务。

——列夫·托尔斯泰

【情境引入】

邓小平曾经指出：科学技术是第一生产力。科学技术越来越受到重视，科学教育所具有的潜在价值越来越受到关注，可是，在历来的班主任研讨中，很少有关于科学教育的内容。本期沙龙就来探讨一下班级的科学教育。

乔布斯与科技革命

2011年10月5日，苹果公司创办人史蒂夫·乔布斯逝世，全世界为之惋惜。对于他的卓越贡献和影响，至今评述不断。

在《乔布斯自述》一书中，译者这样介绍这位科学天才，史蒂夫·乔布斯（1955—2011），企业家、美国苹果公司联合创办人、前行政总裁。1976年，乔布斯和朋友成立苹果电脑公司，他陪伴了苹果公司数十年的起起伏伏，先后领导设计和推出的电子产品风靡全球，深刻地改变了现代通信、娱乐乃至生活的方式。乔布斯是改变世界的天才，他凭敏锐的触觉和过人的智慧，勇于变革，不断创新，引领全球资讯科技和电子产品的潮流，把电脑和电子产品变得简约化、平民化，让曾经是昂贵稀罕的电子产品变为现代人生活的一部分。

他的传记作者则这样介绍史蒂夫·乔布斯：史蒂夫·乔布斯有如过山车般精彩的人生和炽热激越的性格成就了一个传奇，一个极具创造力的企业领袖，他追求完美和誓不罢休的激情使个人电脑、动画电影、音乐、移动电话、平板电脑以及数字出版等6大产业发生了颠覆性变革。①

在大家惋惜世界上失去了乔布斯这样一位科技界大师的同时，很多优秀的班主任抓住这个教育的契机，激发学生对科学技术的兴趣。在探讨乔布斯给科技带来的巨大变革时，引导学生关注和热爱科学技术，并激发他们从小立志担当起科技兴国的重要责任。

---

① 艾萨克森.史蒂夫·乔布斯传［M］.管延圻，等译.北京：中信出版社，2011：11.

钱学森之问

"为什么我们的学校总是培养不出杰出人才？"这就是著名的"钱学森之问"。2005年，温家宝总理在看望著名物理学家、"中国导弹之父"、"中国航天之父"钱学森时，钱老发出这样的感慨。钱学森认为："现在中国没有完全发展起来，一个重要原因是没有一所大学能够按照培养科学技术发明创造人才的模式去办学，没有自己独特的创新的东西，老是'冒'不出杰出人才。"可见，教育是钱学森最后的心结。2009年10月31日，钱学森先生逝世，同年11月11日，安徽高校的十一位教授联合《新安晚报》给教育部部长袁贵仁及全国教育界发出一封公开信：让我们直面"钱学森之问"！"钱学森之问"从此成为舆论的焦点。[①]

一开始是高等教育界反思，渐渐地基础教育界也在做出反思，最后整个教育界都在思考、讨论，文章层出不穷。国家总督学顾问、联合国教科文组织协会世界联合会副主席陶西平也发表了《钱学森之问与基础教育改革》一文（见《创新人才教育》2014年第1期），将这种反思推向深入。

我的故事

关于科学和教育的案例，您是否也有深刻的体会？不妨与身边的伙伴分享一下，并用笔写下来。

① 唐玉斌.科学和教育视域下的"钱学森之问"求解［J］.当代教育理论与实践，2013（11）：20.

〔随园夜话〕

从上面的两则案例中，我们能够感受到社会对科学的关注和对科学教育的期待。学校对学生进行科学教育责无旁贷。作为班主任，我们对学生进行科学教育还有些困惑。

困 惑 一

你怎么看"钱学森之问"与"乔布斯与科技革命"？

观点一：要认识科学技术创新对社会的巨大推动作用。

科学技术已经成为现实的社会生产力，有创新精神的科学家和企业家对社会的贡献是巨大的，理应受到全社会的尊重和爱戴。教育要关注社会的变化，要适应社会的发展需要，这样才能培养出能够推动社会发展的各类人才。

观点二：要重视培养学生的综合素质。

乔布斯始终将科技作品视作艺术品来审视和设计，追求产品的美。钱学森从事科学研究，强调艺术带给他的灵感。两位科学大师不仅提倡科学要与人文、艺术结合，而且身体力行，堪称这方面的楷模。从他们的身上，我们看到了综合素质的重要。这促使我们反思应该如何对待学校教育，应该如何开展班级教育。

困 惑 二

开展科学教育有何价值？

观点一：科学教育是教学内在的本质要求。

在中小学科学教育中，把科学探究看成一种教学方式，是指在教师的支持下，让学生自己经历与科学家进行科学研究类似的过程，获得科学知识和技能，体验科学研究过程，掌握科学方法，形成科学观念，领悟科学思想和精神。科学探究作为一种教学方式，既体现了科学作为人类探究自然活动的本质，又反映了人类与生俱来的探究本能，同时也是学生发展终身学习能力的最佳途径。

观点二：科学教育能培养学生的质疑精神和创新思维。

科学教育不仅仅是科学知识教育，更重要的是让学生学会科学方法，培养科学精神和科学态度。当前的教育，训练学生"听话"和"死记硬背"的传统教学方式还根深蒂固。老师习惯于讲授，学生习惯于听从，老师不让学生问，学生不敢质疑。可以说，学生理智的批判意识和科学的质疑精神在过去的教育中是缺失的（至今变化不大）。孔子曰："疑是思之始，学之端。"质疑精神和创新思维是科学精神的重要方面，是推动社会发展、民族进步的力量源泉。科学教育更多的是对学生科学素养的培养，这是我们中小学老师回答"钱学森之问"所能做的，也是必须做的。

观点三：科学教育能对学生进行德行教育。

从内容上看，科学教育不仅仅要传授学生科学知识，更重要的是激发学生的好奇心，教育学生学习科学家研究科学的态度和思维方式及研究方法，培养学生知难而进的意志品质，提高学生的科学素养，这也是德育工作的重要内容。

从过程来看，科学教育通常需要经历"提出问题—制订计划—过程实施—总结反思"等过程，这有利于学生的自我认知、自我规划、视野的拓展和能力的培养，有利于学生情感、态度和价值观的培养。这也是德育所要追求的。

所以，科学教育和德育不是"两张皮"，科学教育可以成为德育工作的载体、途径和方法，科学教育和德育的这种融合，体现了时代精神，是科学和人文的融合。

困 惑 三

开展科学教育的途径有哪些？

观点一：在各科教学中实施科学教育。

各学科都有科学教育的内容，对于一些没有把握的科学知识，文科教师要先请科学教师释疑解惑，或放下身段与学生们一起探讨。各学科教学中运用科学教学方法，对学生也是科学教育——科学方法的学习。几年来，新课程标准提倡的自主、合作、探究学习，得到了广泛的认同和实施，这对于转变学生学习方式起到了积极的促进作用。如果老师们都来重视科学探究，都运用科学探究的方式来教学，学校的科学教育就能落到实处。

观点二：在班级建立科学研究所。

南京外国语学校仙林分校和南京师范大学附属中学江宁分校的"年级建院，班级建所"是科学教育的有效途径，即年级建立少年科学院，班级成立小研究所，以小课题研究的方式开展科学教育。这就从学校和班级层面，将科学教育制度化、课程化了。这样，科学教育"面向全体"的要求就能得到落实。

观点三：举办科技节等活动。

学校可以定期举办科技节活动（很多学校都有），通过读一本科技书籍、讲一个科学家的故事，绘制一幅科学幻想画、书写一幅书法作品、制作一件科技小制作或教具、做一次科技知识讲座、写一篇科技论文、展示一个科技小发明等形式，引导学生学科学、爱科学、用科学。

我的观点

上述小组讨论到的困惑，在您的工作中是否也出现过呢？您还有补充或不同的观点吗？

名师视角

班主任如何开展班级科学教育
童友[1]

　　处在科学技术迅猛发展时代的班主任，在自己的班级开展适合学生的科学教育活动是十分必要的。如果班级科学教育的内容丰富多彩而且紧贴时代，班级科学教育的方法多种多样，那就能吸引学生，受到学生的欢迎。

一、拓展班级科学教育的内容

　　1. 科学包括自然科学、社会科学和思维科学

　　长期以来，人们一提起"科学"，马上就会想到"数、理、化、天、地、生"。回过头看看词典对"科学"的介绍，就会发现认识的局限。《现代汉语词典》上对"科学"的解释是："反映自然、社会、思维等的客观规律的分科的知识体系。"因此，开展科学教育，别忘了还有社会科学和思维科学（脑科学）。

　　二十多年前，南京大学出版社出版了一本《当代社会科学新学科览要》，书里提到的分类有哲学、宗教学、伦理学、逻辑学、政治学、法学、管理学、经济学、社会学、人口学、人类学、民族学、历史学、文

---

[1] 提供者：童友，南京市青少年科技教育协会理事，南京师范大学班主任研究中心兼职研究员。

【问题聚焦】

班主任如何开展科学教育？

　　通过以上的讨论和分析，我们发现，作为班主任，我们都在关注以下问题：如何科学、有效地开展科学教育？

艺学、美学、心理学、教育学、语言学、图书馆学、情报学和新闻学，另外还有综合学科，其中包括系统论、信息论、控制论、协同学、突变论、科学学、潜科学学、影响评估学、未来学和创造学。上面所列每一学科里都有十几个甚至几十个分学科。例如，社会学学科中就列出了军事社会学、消费社会学等41个分学科。[①]这些，都可以成为班级开展科学教育的内容，班主任可以从中找到学生感兴趣的话题。

至于脑科学，关系到人如何认识自己，如何活得更智慧、更健康，更有必要让孩子们早点接触，早点掌握。

南京市许多学校的少年科学院就突破了自然科学的局限，看看它们的名称：五老村小学少年卫生科学院、逸仙小学少年医学科学院、（原）福建路小学少年经济科学院、浦口小学少年法制科学院、樱花小学少年心理科学院、中央路小学少年健康科学院、浦口六一学校少年军事科学院、游府西街小学少年商业科学院、同仁小学少年社会科学院，等等。

2. 关注新兴科学与技术

班级科学教育活动关注"动"的科学技术，学生会兴致盎然。如有的学校开展"新经济游戏"，即将现代产业的经济内容、经济形式和经济规则"儿童化""生活化"为儿童的游戏活动。另外，还有信息游戏、新能源游戏、新材料游戏、生物工程游戏、太空游戏、海洋工程游戏等。新能源游戏又包括太阳能游戏、地热能游戏、风能游戏等，而每一类能源游戏还可以分为能源跟踪游戏、能源捕获游戏和能源转换游戏等。孩子们在玩能源游戏的过程中可以了解能源、认识能源，为长大后节约能源、发展新能源打下基础。

3. 关注科学研究教育

多年来，很多中小学认真开展科技活动，其基本形式主要是科技制作、小发明、科技展馆参观、科普书刊阅读、科普影视观赏等。这些都是很需要的，但是研究性科技活动很少。尽管第八次课改中明确安排

---

① 时惠荣，等. 当代社会科学新学科览要 [M]. 南京：南京大学出版社，1996：分类目录 1–11.

"研究性学习"（放在"综合实践活动"里），但始终未引起足够的重视，一直被边缘化，整个教学理念尚未发生根本转变。美籍华人学者黄全愈在《中国青年报》上发表文章说，在中国，一般的认识是，研究是属于高级科研人员的事。研究能力也非人人有之。独立研究，应待有丰厚的基础知识以后，并在研究能力逐渐完善后才能进行。而在美国，我们发现一个颇有启发的现象，即相信孩子具有同成人一样的独立研究能力。因此，美国教育的另一个特点就是为孩子独立研究、独立动手能力的发展提供时间和空间。国内学者也指出，中国的教育是在大学本科毕业时和到硕士、博士等级才开始进行美国从小学就已经开始而且连续进行的科学研究基本功教育。①我国科学技术创新不足，可以在教育中找到原因。发现了问题，学校教育就有必要做出相应的调整，将科学研究教育作为重要内容纳入科学教育中。

二、开展班级科学教育的方法

1. 让学生接触各种方式的科技活动

科技活动的方式多种多样，有制作类、种植类、养殖类、调查类、实验类、参观类、观看（科普影视）类、阅读类等。如果有条件，在班级科学教育活动中，应尽可能让学生接触各种方式的科技活动，以便增长见识和才干。

2. 积极推进亲子科技活动

近年的学校科技活动，许多学校都鼓励或安排家长参与，形成很受欢迎的亲子科技活动方式。具体做法有这样几种：一是邀请家长到班级来开科普讲座和做科学实验，有的做得好的班级，每学期都排出计划，安排好几次家长主讲的科普活动；二是请有科技专长的家长担任班级科学研究所的指导教师，经常到班级来辅导；三是安排家长利用节假日带孩子做户外的科学参观或考察，开展种植、养殖活动，如参观科技馆、到郊外寻找小蝌蚪并采样做生长发育观察、养蚕、阳台种植芽苗菜或适宜花卉等。

---

① 徐建新.退步的中国中小学教育［J］.社会科学论坛，2004（2）：36.

班主任要倡导户外的亲子科技活动，对做得好的学生要大力表扬。家长也希望学校多推荐一些有趣易行的科学活动案例。美国儿童科学教育家约瑟夫·克奈尔写有《与孩子共享自然》一书，介绍了50个亲近自然、认识自然的游戏，非常值得推荐给家长。

为了将家长资源用好，有经验的班主任会在接班时就做调查，了解家长的专长、优势，为班级各项活动的开展做必要的校外资源准备。

3. 大力开展研究性科技活动

在班级的科学教育中，特别提倡开展研究性科技活动。其实，各项传统的科技活动都可以做一些"增加研究性因素"的改造。有的学校在这方面已经形成经验。例如，南京市月苑第一小学红领巾科学院有车模研究所，学员们不满足于光是将车模拼装起来去参加比赛，他们将活动中遇到的问题变成研究课题，如"马达的功率受哪些因素的影响""高速马达的形成过程"以及"如何加快车模的拼装速度"等，边实践边研究，不仅在省市级车模大赛中取得了骄人战绩，而且写作的一篇篇小论文也获得好评。

为了使全体学生都有参加科学研究的机会，南京外国语学校仙林分校、南京师范大学附属中学江宁分校等学校创造了年级建少年科学院、班级建科学研究所（如表4-1所示）的做法，将班级科学教育面向全体学生的要求落到实处。

表4-1　南京外国语学校仙林分校中学部初一、初二年级少年科学研究所一览表

初一年级		初二年级	
2006级人文与科学研究院		2005级人与自然研究院	
初一（1）	探索·发现研究所	初二（1）	名人研究所
初一（2）	三国史研究所	初二（2）	柏拉图研究所
初一（3）	未来名人研究所	初二（3）	比尔·盖茨现象研究所
初一（4）	终极一般研究所	初二（4）	法拉第研究所
初一（5）	第五元素研究所	初二（5）	大仲马研究所
初一（6）	第六心理研究所	初二（6）	自然也疯狂研究所

续表

初一年级		初二年级	
2006级人文与科学研究院		2005级人与自然研究院	
初一（7）	天体物理研究所	初二（7）	精翼研究所
初一（8）	世界旅游探秘	初二（8）	电子研究所
初一（9）	草根人文研究所	初二（9）	心灵海研究所
初一（10）	土壤全接触	初二（10）	多彩世界研究所
初一（11）	环境保护研究所	初二（11）	第11所
初一（12）	土地沙化研究所	初二（12）	生活之韵研究所

班级研究所内学生又自愿组合，成立若干个研究组，自选课题开展研究。

班级研究所的职责是做好以下几个"指导"：选题指导，调查、查找文献及资料整理的指导，结题报告写作、成果展示及参加答辩的指导。这些指导工作可以由班主任做，更提倡让有研究专长的家长或大学生辅导员来做。

三、为班级开展科学教育创造条件

班主任在班级开展科学教育，要做好基本建设，这方面搞好了，开展科技活动就能左右逢源、得心应手。可以从以下几个方面着手：

（1）调查家长科技资源；

（2）整理适合学生的科普读物目录、科普影视作品目录；

（3）整理当地科技展馆名录。

如何看待班主任组织班级科学教育

黎鹤龄

班级开展科学教育，按说是班级教育应有之义。但由于受分科教育思想的长期影响，一提到科学教育，人们马上就会想：这是科学老师的事。所以，在研究如何开展班级科学教育之前，先探讨如何看待班级科学教育，恐怕还是必要的。

一、班主任组织班级科学教育责无旁贷

1.班主任组织班级科学教育是对学生的全面成长负责

班主任的职责中重要的一条就是对学生的全面发展负责。学生的全面发展必须是在各项活动中发展，畸形的教育很难培养出素质全面的学生。

国家强调"科教兴国"的发展战略，但到了基础教育层面，很多一线老师仍然重视不够，甚至很不重视。班主任普遍认为，科技是科学老师的事，班主任的主要任务是抓好德育，学生科学素养的培养与自己无关。另外，在各级各类培训中，很少有与科技相关的班主任培训，没能让班主任认识到科技活动能对培养现代化人才有着不可低估的重要作用。因此，长期以来，班主任主要扮演着德育工作者的角色。他们常常举行德育活动，却很少开展科技活动。

为了进一步了解班主任在班级中开展科技活动的情况，前不久，我随机对一个班主任培训班的40名一线班主任进行了一项小调查，调查在这一年的头四个月各个班级开展各类活动的次数，调查从德育、读书、文艺、体育、时政、科技、其他七个维度展开。

我给这个班主任培训班的成员每人发放了一张问卷，要求当场填写，约十分钟收卷，然后做了统计。问卷统计结果如下：

表4-2　今年以来我组织的班（队）主题活动

项目	共计	德育	读书	文艺	体育	时政	科技	其他
次数	341	152	54	44	33	18	10	30
百分比	100	44.6	15.8	12.9	9.7	5.3	2.9	8.8

共收到有效答卷40份，对象为在南京师范大学接受培训的某市中小学班主任，调查时间是2013年5月17日。

从表中可以看出，科技类的主题活动占全部活动的比例不到3%。这和国家科教兴国的主张及一系列强力举措之间存在着巨大的差距。对

教师来说，恐怕更多地和他们对科技活动的德育功能缺乏认识有关。

其实，各项活动都有德育的功能，就看能否有意识地去挖掘。拿科学教育来说，它是要培育科学素质的，而科学素质的内涵中，就有许多"德"的成分。中国科普研究所前所长袁正光经过长期研究，对科学素质做了这样的表述：

知识结构：经常性、结构性、扎实性

智力结构
观察能力｜逻辑思维
思维能力｜形象思维
实践能力｜直觉、灵感和想象

科学素质

非智力因素结构
志趣结构：兴趣、志向、理想
道德结构：诚实、正义、爱心、信心
意志结构：独立性、果敢性、坚持性、心理平衡能力
审美结构：审美、爱美、创美

图4-1　科学素质结构[①]

从这张结构图中可以看到，科学素质中的非智力因素结构几乎都是德育所希望达到的目标。

教育学家潘懋元教授很早就说过这样的话，如果只看到科学的智育价值（更不要说只看到知识教育价值），而忽略科学内在蕴含的善与美，不去发掘与实现科学的德育与美育价值，把培养全面发展的人之中的德育与美育，看成是科学教育以外的事，教师就很难负起"教书育人"的全面任务。

应该相信，认识到科学教育的德育功能，班主任就容易从内心支持进而积极开展科学教育。

2. 班主任组织班级科学教育是适应教育时代性的要求

今天的学生就是明天社会的主人。当今社会科技迅猛发展，科学技术已经成为第一生产力，社会的方方面面都离不开科学技术。科学技术在给人类带来巨大进步的同时，也带来许多灾难。学生在中小学是否能对科学技术有更多的了解，是否具有初步的科学素养，能否树立学好科

①　袁正光.现代文明的基石：科学、技术与社会［M］.北京：中国协和医科大学出版社，2003：291.

学技术为人类兴利除弊的理想，关系到今后社会的发展。

在班级开展科学教育活动，可以使学生更多地了解我国的科技进步与发展，更好地理解建设创新型国家的重大意义，从而激发学习热情。2016年1月14日，国家知识产权局在北京召开新闻发布会，公布了2015年我国发明专利授权量等有关数据，发明专利申请受理量继续保持稳步增长，申请受理量首次超过100万件，知识产权创造取得新进展。

在科技发展日新月异的今天，面对这些数字，我们如何在学生发展的启蒙阶段给他们打好热爱科学、学好科学的基础，就显得特别重要。陶行知说过，必先造就科学的小孩子，方才有科学的中国。此话今天仍然值得我们深思。

有的老师可能会说，加强科学教育，不是有理、化、生等学科吗？是的，尽管中小学有理科教学，但其教材内容相对滞后，与日新月异的科技发展有一定的距离。科技活动则可以弥补这一缺陷，班主任组织这方面的活动确实有必要。

3.班主任组织班级科学教育是遵循少年儿童身心发展的需要

苏霍姆林斯基认为，年幼儿童的智育应当通过发展他们求知的要求——求知欲、好奇心——来进行。班主任组织科学教育，要符合少年儿童的心理需要，符合少年儿童的成长规律。那种只知道让学生背书、做习题而不关注学生活动的做法，是违背规律的，会使学生失去学习的兴趣，失去发展的动力。

二、班主任组织班级科学教育具有得天独厚的优势

班主任在开展班级科学活动方面有几个明显的优势：一是面向全体的优势，全班学生都能组织起来开展活动；二是掌握资源的优势，如家长资源、社会资源等；三是时间优势，除了班队会、晨夕会时间可以用，寒暑假、节假日也可以给学生适当安排科普活动。

提到科学教育，一些教师担心自己不是学理科的，无法指导学生。科学技术门类繁多，即使是学理科的老师也有许许多多不了解的领域。对班主任来说，问题不在于你掌握了多少科学知识，而在于你是否能够

将家长资源利用起来，为学生服务。这方面许多学校已经开始做了。

表4-3　南京外国语学校仙林分校小学部少年科学院
四年级班级研究所校外辅导员列表

中队	中队辅导员	研究所名称	校外辅导员（家长）	工作单位
四（1）	张建忠	翠竹研究所	杨旭	个体（古玩）
四（2）	高守城	植物研究所	夏红	南京市玄武区环保局
四（3）	朱敏勇	微生物研究所	雍定丽	江苏省肿瘤医院
四（4）	张彦	文化研究所	徐文燕	南京财经大学工商管理学院
四（5）	何群	经济研究所	黄鹤友	安信证券股份有限公司
四（6）	吴静芬	昆虫研究所	张晓虎	南京外国语学校仙林分校中学部

这是一张四年级班级研究所校外辅导员列表，是南京外国语学校仙林分校小学部四年级组开展班级小课题研究的项目统计。

班主任开展班级科学教育，关键是要转变观念。班队活动有德育活动、文体活动，为什么不能有科学探究活动呢？根据时代特点，适当增加科学探究活动在班队活动中的比重，是班级教育与时俱进的体现。班主任要有这方面的主观意识，同时，班级工作的领导及研究部门也有必要出台相应的规定或建议，促进科学教育活动的常规化。

有老师敏感地意识到了对学生进行科学教育的重要性。例如南京外国语学校仙林分校小学部的班主任杨学老师，她曾在家长的协助下，带领全班学生开展"手指上的微生物"小课题研究；从研究课题的选择，到邀请校外辅导员——南京师范大学微生物研究所教授戴军（戴雨轩同学的爸爸）给全班同学开设《神奇的微生物》的讲座，再到带领全班学生亲自做"手指上的微生物"实验，实验后进一步总结提升，加深对微生物的认识。在整个小课题的研究过程中，学生不仅懂得了许多微生物方面的知识，还明白了讲卫生是对自己负责的行为。在本次研究活动中，戴雨轩同学与她的爸爸共同带领全班同学开展研究，原本腼腆的戴雨轩也变得更加阳光自信了，在全校五百多名老师前汇报也落落大方，她撰写的小论文还获得了江苏省少年科学院科技创新大赛科学小论文评比一等奖。可见，小课题研究的过程是让学生明理的过程，也是一个培育心灵的过程。

由此看来，班主任组织班级科学教育有许多优势，但很多一线的老师对科学教育与班级管理、学生成长之间的关系缺乏认识，没认识到班主任在班级开展科学教育的必要性和可行性。这都是职前与职后缺少科学教育方面的培训造成的。在今后的班主任培训中，相关部门有必要增加科学教育的德育功能及班级科学教育实施方法等内容，让科学教育与班级管理、学科教学有机融合起来。

润物细无声

张亚伟[①]

说起科学教育，很多班主任可能会问：班主任是做德育工作的，怎么还要对学生进行科学教育呢？我们的专业能力有限，该怎么对学生进行科学教育呢？其实，刚开始的时候，我也有这样的困惑。但是，随着科学教育的进行，我越来越发现，科学教育对德育工作起到了很大的促进作用。在这里，我想以我校开展的小课题研究活动为例谈谈个人的一点想法和做法。

---

① 提供者：张亚伟，南京外国语学校仙林分校中学教师，江苏省少年科学院优秀辅导员，南京市德育工作带头人。

一、科学教育与德育工作的关系

　　1. 从小课题研究的教育本质看科学教育与德育工作

　　小课题研究的教育本质不仅仅在于传授学生科学知识，更重要的是教育学生学习科学家的态度、情怀以及思维方式和研究方法，从而提高学生的科学素养，而这也是德育工作的重要内容。记得在小课题研究启动前，我组织孩子们看了电影《钱学森》，影片讲述了钱学森赴美求学、学成归国、研制导弹的过程。观赏完影片，孩子们感触很深，对这位杰出的爱国科学家有了更深的认识。我们接连召开了两次主题班会。第一次主题班会的主题是"我们种的苹果树"。影片《钱学森》中，钱学森的老师冯·卡门先生一再挽留钱学森留在美国，说中国百废待兴、一穷二白，根本无法让钱学森施展才华。冯·卡门说："难道你要回去种苹果树吗？"钱学森态度决绝地说："如果这是报效祖国的唯一方式，我愿意。"当中国第一颗导弹成功发射时，钱学森凝望远方，在心里默默地说："老师，我的苹果树种成了。"影片中一再提到的苹果树，象征着钱学森的梦想和追求。孩子们以"我们种的苹果树"为班会主题，对科学家的爱国情怀，对他们坚持真理、不懈探索的精神进行了回顾，并结合实际确立了自己的人生理想和目标。我们第二次主题班会的主题是"追随巨匠的脚步"。在班会中，孩子们将钱学森和多位科学巨匠的传记和故事找了出来，通过科学家们的研究轨迹，总结了课题研究的基本方式，确立了自己的选题并开题。经过这两次班会，孩子们收获很多，有孩子在作文中这样写道："钱学森的爱国精神，以及他为梦想而努力的奋斗精神，深深地感染着我。我也有梦想，也播下了'苹果树的种子'，同时我也知道，要想让自己的苹果树真正长大、开花、结果，还需要辛勤的汗水去浇灌，用自信的阳光去滋润，用踏实的行动去实践。我希望自己有一天也能和钱学森一样，收获自己最美、最好的'苹果树'。"由此，我们可以看出，以小课题研究为载体的科学教育不仅仅是科学知识的传授，更是一种精神、态度和思维方式的引领，这和班主任的德育工作有着异曲同工的效果。

2. 从小课题研究的活动流程看科学教育与德育工作

小课题研究一般分为提出问题、制订计划、实施计划等流程，这和我们的理想教育过程何其相似。我们首先教育学生要做一个有理想的人，确定自己的理想；接着，我们教育学生为了追求自己的理想，要学会制订计划；然后，我们教育学生要付诸行动。如果孩子们能够通过各种方式方法，通过自己的态度、能力、毅力很好地完成小课题研究活动，在某种程度上，也就学会了找寻梦想、实现理想的方式方法。当一个孩子能够在成长的过程中确立自己的人生理想，并懂得规划自己的人生、为实现自己的理想而努力的时候，我想很多德育工作中遇到的难题都会迎刃而解。

3. 从小课题研究的实施过程看科学教育与德育工作

在多年的小课题研究中，有的学生研究"碳酸饮料的危害"，有的进行"家庭能源消耗的调查"，有的探究"雨，干净吗？"，有的研究"蔬菜会不会发电"，有的探究"古装剧与史实的细节差距"，有的研究"中国漫画与欧美漫画的不同"……学生的研究涉猎范围很广，这对培养学生的综合素养有以下重要的意义。

第一，有利于学生视野的开阔和科学素养的提升。在小课题研究的过程中，学生要查阅大量的资料，对资料、信息进行分辨、处理、归纳，这无疑对其专业知识有所补充，对其科学素养有所提升。

第二，有利于学生能力的培养。在小课题研究的过程中，学生要制订计划，要查阅资料，要走上街头进行访谈，要做实验，还要通过辩论会、研讨会、观察报告等多种方式展示研究成果。这些对于培养学生的表达能力、思辨能力、交往能力、团队协作能力具有十分重要的作用。

第三，有利于学生情感、态度和价值观的培养。

可见，以小课题研究为载体的科学教育，不仅有利于学生专业知识的补充和拓展，有利于其探究能力、思辨能力等多种能力的提升，更有利于其积极情感的形成。

二、班主任如何有效地开展科学教育

1. 班主任要有正确的角色定位

首先，我们应该有一个正确的角色定位，我认为在进行科学教育的过程中，班主任的角色定位应该是活动的组织者、方法的指导者和精神的引领者，而不仅仅是知识的传授者。

小课题研究过程一般包括确定选题、制订和实施计划、成果总结和汇报几个阶段。在多年的工作中，我将整个指导过程对应地分为三个阶段：小课题研究的前期指导、中期指导和后期指导。

在小课题研究的前期指导中，我着重活动的组织。开题之前，我组织学生看电影，看国外学生进行小课题研究的文章，邀请高年级学生到班级进行小课题研究辅导，组织学生讨论研究选题、组织开题报告会等，以此激发学生的研究欲望。

在小课题研究的中期指导中，我着重方法的指导和精神的引领。学生初次进行小课题研究，需要我们在方法上给予一定的指导，如怎样设计问卷调查、怎样进行访谈、怎样进行文献查阅、怎样进行数据分析、怎样进行样品采集等。而在研究实施的过程中，对于学生常见的一些现象，如上网搜集资料随意拼凑、弄虚作假、敷衍了事、半途而废等情况，教师在予以及时的教育和精神上引领的同时，还可以召开小课题研究中期报告会，在报告会上，让学生汇报自己的研究进程、研究中遇到的困惑，让学生自己去交流，去想办法解决问题，也可以通过科学家的故事或者身边学生的故事来进行榜样教育，以培养学生实事求是、坚持不懈的科学精神。

在小课题研究的后期指导中，我注重学生情感体验的获得，这也是精神引领的重要方式。我要求学生在进行成果总结的过程中不仅要有有形成果的总结，而且要有无形成果的总结。

2. 充分开发小课题研究的有效课程资源

当然，具体到知识的层面，班主任可以开发出更多的教育资源来优化科学教育。

（1）教材是重要的小课题研究资源。

（2）教师是最重要的小课题研究资源。在所有的小课题研究资源中，教师起着主导和决定性作用。教师不仅是条件性资源，教师自身的知识、经验和生活方式等也是一种素材性的小课题研究资源。因此，我们可以聘请科任老师作为班级研究所的指导老师。

（3）学生也是重要的小课题研究资源。学生作为受教育者、学校课程设计和开发的服务对象，本身就是一种课题研究资源。学生的成长经验、个性差异乃至独特的学习方式等都是教学中不可忽视的资源。

（4）重视挖掘教学中生成的小课题研究资源。在教学中，师生之间的互动和交流是非常重要的。在小课题研究活动中，学生的自主探究需要教师给予一定的帮助和指导，师生互动的过程具有动态生成性，其本身也是一种小课题研究资源。

（5）充分挖掘校内外小课题研究资源。我们不仅要充分挖掘校内小课题研究资源，利用学校的优势资源和条件，也要重视对校外的社会、自然和网络等资源的开发。

总之，只要我们进行科学教育时方法恰当、方式多样，科学教育不仅不会成为班主任工作额外增加的负重，还会在一定程度上促进德育工作的进行，不需要班主任刻意地说教，挖空心思创设情境、设计活动，不需要采用各种各样的教育方法，一些品质和能力就会在学生进行小课题研究的过程中自然而然地得到培养。这种特别的德育方式，没有较重的教育痕迹，却可以达到"润物细无声"的教育效果。

班级建立小研究所

韦成旗

【实践探索】

在科技时代，科学素养将是一个人的核心竞争力，班主任可能不是科学老师，但对学生进行科学教育（包括科学知识教育、科学研究教育、科学鉴别力教育）已"迫在眉睫"，而且"人人有责"。那么，班级如何对学生进行科学教育呢？我就近几年的一点实践——班级建立小研究所——和大家做个分享。

一、建立小研究所

1.定所名、选所长

我校中学部在初一、初二年级形成了"年级建院，班级建所"的少年科学院工作模式。有一年，我校成立了"人与自然"少年研究院，下设十四个研究所（每个班级建立一个小研究所），每个研究所都有自己的"所名"和"所长"。我们班级的小研究所在面向全班公开招募所长和副所长（各一名）时，学生们纷纷发表看法，最终确定由李硕担任所长，陈珂珺担任副所长。李硕同学知识面宽，兴趣广泛，平时极有钻研精神，而且他有一定的组织领导才能，大家一致推选他为所长。陈珂珺同学性格开朗，人缘好，大家都愿意与她合作，同时她爸爸是南京财经大学的教授，对我们的研究工作给予了大力支持。为研究所起名时，学生们热情高涨，由所长主持，每个合作小组推荐一个所名候选，结合班级的研究方向，在全班投票，最终确定班级的研究所叫"生活之韵"研究所，研究生活的现象，关注生活的细节，提高生活的质量。

2.制定有关制度

为了保证研究所工作有条不紊地开展，班级特制定了下列有关制度。

"生活之韵"研究所所长工作职责：

（1）积极参加研究所的各项活动，并做好组织工作；

（2）负责联系各课题组，及时了解课题组的研究状况；

（3）在研究所内起到模范带头作用，刻苦钻研、创新求变，努力完成自己的研究任务，并能给其他同学指导；

（4）主动提出研究所活动的设想，并积极投入工作中；

（5）为各课题组提供服务，每周组织一次活动，各课题组在所内交流；

（6）负责本研究所向少年科学院汇报成果。

"生活之韵"研究所副所长工作职责：

（1）配合所长工作；

（2）负责研究所活动记录、外联、后勤等方面工作；

（3）为各课题组提供服务，收集、整理研究所的相关资料；

（4）在研究所内起到模范带头作用，刻苦钻研、创新求变，努力完成自己的研究任务，并能给其他同学指导。

"生活之韵"研究所课题组组长工作职责：

（1）认真组织本课题组的研究工作，负责组内人员的分工与合作；

（2）每周将本组的研究情况在所内进行交流；

（3）负责本课题组研究成果汇报。

"生活之韵"研究所指导老师工作职责：

（1）及时了解学生开展研究活动时遇到的困难以及他们的需要，有针对性地进行指导；

（2）与学生一起开发对实施研究有价值的校内外教育资源，为学生开展研究提供良好的条件；

（3）指导学生写好研究日记，及时记载研究情况，真实记录个人体验，为以后进行总结和评价提供依据；

（4）指导课题组收集资料、设计研究方案和最终形成结论。

每个课题组利用课外时间和假日时间对该组课题进行研究，人人参与，互相协作，定期进行研究所各课题组研究情况交流，以便提高研究能力并及时调整研究内容。

二、成立小课题组

班级有七个行政合作小组，班级管理都是以合作小组为单位开展的，研究所的工作自然也想尝试与合作小组结合。于是要求每个小组内组员共同商量，围绕生活现象，选一个大家都感兴趣的研究课题。当时要求选题要小，要贴近生活，做起来要好玩。这可折腾了很长时间，因为一个课题要使同一小组的四五个人都感兴趣还真不太容易，后来，几经讨论，最终确定七个研究课题，明确课题组成员，选出课题组组长，并邀请任课老师或学生家长担任课题组指导老师。

表4-4　课题研究统计表

组别	课题名称	组长姓名	指导老师
S·H·C	"啪嗒"脚步声的研究	吴一南	陈文（学生家长）
慈航境渡	字如其人，真的吗？	刘梦鸽	缪亚琴（语文老师）
芝兰而竞	何谓"黄金饮食"？	陈曦	付琴（学生家长）
World Elite	南京话的研究	姜超	徐雅泉（学生家长）
青墨紫竹	人的姓名与性格研究	卞江	韦成旗（班主任）
无与伦比	洗过的毛巾与手哪个更干净？	蒋子睿	王扣华（生物老师）
佛青藤	头皮屑的产生	朱启然	朱焱平（学生家长）

这样，由学生、老师和家长共同组成的"生活之韵"研究所正式运行了，研究所各课题组和行政上的合作小组已完全整合，学生、老师和家长共同参与其中，积极性很高。有些课题组实力相当雄厚，邀请的部分家长是相关方面的专家，如"佛青藤"组的指导老师朱焱平（朱启然同学的爸爸）是中国电子科技集团公司第十四研究所的高级工程师，对孩子们的研究工作给予了大力支持和指导；"芝兰而竞"组的指导老师付琴（陈曦同学的妈妈）对食物营养很有研究。

三、开展小课题研究

1. 制订研究计划

每个课题组根据研究内容在组内进行分工，排出大致活动时间表。表4-5是"S·H·C"组对其课题"'啪嗒'脚步声的研究"制订的研究计划。

表4-5 "'啪嗒'脚步声的研究"课题研究计划

活动时间	活动内容
3月15日	与指导老师探讨研究目标及方法,分配各组员工作。
3月20日—4月5日	对脚步声跟人的意识的关系进行假设并上网查阅有关资料,翻阅有关书籍等。
4月15日	汇总、整理资料,对有用的资料进行分析,得出初步的结论。对小组当前阶段工作进行总结。
4月25日	在教室、楼梯口、楼道、食堂、操场等地点倾听同学们各种各样的脚步声,并进行记录。
5月9日	了解本班同学的脚步声及其特点,以及所穿的鞋、所处的环境等,并进行记录。
5月15日	录部分同学的脚步声,并反复研究。
5月18日	汇报研究、实践的结果,组员进行总结,得出结论。
5月20日	根据得出的结论写研究总结。

2.注重研究过程

课题选好后,小研究员们热情很高,极其认真地投入到他们的研究中。因为这是他们自己选择的感兴趣的内容,是他们想做的事、能做的事,所以他们表现出超常的主动性和执着。"S·H·C"组的小研究员们为了采集到不同的人在不同情况下的脚步声,经常在一些地方蹲点并录下一个个脚步声,然后再进行比较分析。"慈航境渡"组采集了全班同学和学校其他班部分同学写的字,在参考了大量文献的基础上,结合该人的性格对字体进行分析,再对所得的初步结果进行检查。

以下是他们所做的汉字基本笔画特征体系笔迹分析调查结果(节选):

横:

上仰横:说明书写者拥有积极进取、不甘落后、不怕困难、勇往直前的性格。

对应同学：曹剑秋、徐雅琦。

下斜横（下滑横）：心理偏于内向，对事物的看法容易悲观失落，不喜争强好胜。

对应同学：无。

长横：能顾全大局，有远见，宏观性强，为了实现目标能吃苦耐劳。

对应同学：车玉飞、陈天然。

拱弧横：性情温和，内心期盼着意外的收获与惊喜，平和中带有几分优越感。

对应同学：无。

短横：小心，谨慎。

对应同学：黄麟杰、吴一南、俞阳、刘黛薇、于天航。

以下是他们所做的汉字偏旁部首及其对应性格特征的调查结果：

1.口字旁

封口严密端正写法：在行为、思维方式上不善变通，坚持自己的观点，稍任性。

对应同学：无。

行书写法：外在形象端庄，内在思想、情感丰富，能在各个环节上恰当地处理好问题，紧跟时代步伐。

对应同学：廖昕、曹志伟、曹戴文琪、蒋子睿、姜超。

2.耳刀旁

丰厚圆满形：想象力丰富，智商很高。爱幻想，富有艺术气质，人情味很浓。

对应同学：郭梦恬、李硕、东方。

圆耳：博闻强记，急躁，在某方面有特长。

对应同学：董易君、王林靖、陈珂珺。

刀耳：自我约束能力强，不轻易打扰别人，勤奋好学，精明能干，有自知之明。

对应同学：吴家辉、周大鹏、徐涵岫、陈山珊、陈曦、俞淼然、卞江、张笑然。

3.四点底

一笔带过：性急，做事雷厉风行，感觉敏锐，善于总结经验，具有上进心及开拓精神。

对应同学：俞淼然。

波浪式：做事有条有理，性情平和，含蓄，内敛，自制，思维活跃。

对应同学：高子楠、孙杰今、卞江、张子秋、郝鹏年。

笔相特征依据的共同特点：

（1）字母大小，如大写字母过大，字体过大或过小，证明个性表现的意图和愿望。滥用弧线、花字尾表明自我感觉、精神状态有某种局限性。

（2）笔迹轻重决定人的性格和工作能力。

（3）办事一丝不苟和有条理的人的笔迹通常有这些特点：字母清楚完整，标点符号准确。

（4）字行高低不平是机智和狡猾的人的笔迹。

（5）字迹有棱有角，说明观点和意图坚定，喜欢加剧冲突；字迹圆滑表明办事老练，性格随和。

根据下述特征来判断人的性格：

首先从下笔的轻重看，笔画轻重均匀适中，说明稳重，有自制力，对所喜欢的事情能达到如醉如痴的程度。

笔画不匀称的人则喜欢破坏，脾气暴躁，因琐碎小事就会伤心。

笔画很重的人敏感，笔画过轻的人则自信程度差，喜欢自责。

字行也能说明问题。行直说明稳重，起伏不平说明有外交手腕，善于发现别人的弱点。

越写越往上斜，说明自尊心强；往下斜，说明性情沉郁。

字体大表明在极端条件下能够表现自己，过于自信和举止随便；字体小则表明克制、会计算、有观察力。

字迹紧凑的人吝啬、谨慎。

"芝兰而竞"组引用了中国营养学会"平衡膳食宝塔"，给大家提供了合理膳食的建议。"无与伦比"组研究洗过的毛巾与手哪个更干净，所以用一块猪皮代替人的皮肤，将猪皮和洗过的毛巾分别放在微波炉里烤，借来显微镜观察其变化，请生物系的大学生们帮助分析数据。"World Elite"组从南京话的发音、历史、类型、特点等方面研究南京话。"青墨紫竹"组通过大量调查和采访，研究人姓名的由来和性格特征。"佛青藤"组从什么是头皮屑、头皮屑是怎样产生的、头皮屑如何防治等方面深入研究，并给我们的生活提出了建议。

为了使各课题研究深入、扎实地开展，班级组织各课题组定期交流课题研究情况，在初一时每周利用一节课时间（周四上午第四节）进行交流。

3. 撰写研究报告、组织论文答辩

班级组织的小课题研究通常需要用一学期多一点时间（包括寒假或暑假），学期末或下学期开学初指导学生撰写研究报告和小论文，组织论文答辩，邀请校内外"专家"（老师或家长）担任评委，对每个课题进行点评，并将优秀课题推荐到学校参加评比，推荐优秀小论文参加江苏省少年科学院小论文评比。我们有多个班级小课题组向全校近六百名教职工汇报，多篇小论文在江苏省少年科学院小论文评比中获奖。

四、收获与体会

苏霍姆林斯基说过，在人的心灵深处，都有一种根深蒂固的需要，就是希望自己是一个发现者、研究者、成功者，而在学生的精神世界中，这种需要特别强烈。[①]在小课题研究的过程中，孩子们收获的不只是知识，更重要的是兴趣和能力。参加脚步声研究的一位学生在日记中写道："搜集不同脚步声的过程，锻炼了我们独立探索的能力；整理资料、进行讨论的过程，培养了我们的合作精神；猜想结论、最终得出结论的过程，使我们的联想力、探索能力、思考问题的能力也都得到了锻炼……以后，我们会根据实际情况尽量避免用自己的主观印象来判断一个问题，因为我们知道要通过不断探索才能得出最终的结果。我们也知

---

① 王小宁 . 苏霍姆林斯基论学生学业不良的原因及预防［J］. 教学与管理，2013（33）：75.

道了自己该如何解决问题，知道了面对困难要如何战胜它。"一位被保送北大的学生说："回想起来，那时我们一起拎着录音机蹲在楼梯旁不厌其烦地录音，抱着厚厚一摞磁带一遍遍听声音做记录，这种经历让我更加用心去关注生活的点滴细节，让我在高中学业繁忙的时候依旧能做到'且行且息'。"

学校校外辅导员、中国科学院南京土壤研究所谢祖彬教授说："发现问题乃解决问题之母。在南外仙林分校初中少年科学院研究活动中，同学们从生活中凝练问题，积极实践，找出了丰富多彩的答案。科技活动既培养了同学们思考问题、解决问题的能力，又培养了同学们团结协作、沟通融合的精神。这是同学们求知和求真理念双发展的活动，值得提倡和继续。"

有人说，班主任工作本来就千头万绪，哪有什么时间搞小课题研究，多一事不如少一事。我想说，其实这样的事不该是多出来的事，而是我们应该多去做的事。我们在班集体建设和学科教学的过程中都要有这种科学研究的意识，引导学生根据班级工作中的现象或问题列出一个个小课题，以小组为单位，用这种科学研究的方法加以研究，探讨解决问题的方案，这也是班级管理科学民主进程中的重要阶段。所以，班级建立小研究所开展小课题研究，不仅是班主任工作的内容，也是班主任工作的一种有效方法。

我的行动计划

　　以上围绕班主任如何实施科学教育的话题进行了沟通交流、分享互动，结合您的工作实际，您觉得上述讨论中的哪些做法可以在您以后的工作中有所尝试和探索呢？不妨给自己简单列个计划吧！

五日谈 | 激发"心动力"[①]
——心理与教育

情境引入
- "魔术师"游戏

随园夜话

问题聚焦
- 班级如何开展心理教育?

名师视角
- 心理教育要落实到班级

专家解读
- 从管理技术到交往共生：心理与教育

高手支招
- 每一位班主任都是"心理辅导员"

实践探索
- 教育从育心开始

---

① 心动力，即心理动力。

今天，当人的生命活动中细腻的神经系统的作用一代比一代增强的时候，心理素养的培养就成了人的全面发展的主要因素之一。

——苏霍姆林斯基

影响学习的两个核心因素是状态和策略，第三个是内容。但是很多传统的学校体制忽视了"状态"，而它是三者中最重要的。

——詹　森

假如教师尽自己的职责，为一个健康的社会培养健康的公民，教师就必须意识到他们作为心理保健工作者这个角色的责任。

——杜伯伦

作为一个心理保健工作者，也许不是一个教师的主要任务。然而如果一个教师忽视了心理的临床工作，他就收不到应收到的教育效果，而且在关键时期和最困难的问题上不能有效地教育学生，他将忽视某些最基本的教育目的。

——杜伯伦

〔情境引入〕

在教育系列话题中，本期探讨的是心理与教育。要实现教育内化成学生自身的需求，我们的教育就必须研究学生的心理需求，遵循学生心理发展的特点，作为班主任不单单要关注孩子的学习成绩，看到众多行为的表面现象，更要关注孩子内心的成长，关心孩子是否拥有一颗强大的、不断挑战自己的心，发掘学生潜能，提升学生素质，从而实现"人"的教育。因此，本期的主题是"心理与教育"，请各位老师先做一个小游戏，并谈谈您的感受……

"魔术师"游戏

通过"魔术师"游戏体会心理暗示在一个人的感知觉中的重要作用。

请在场老师起立，不触碰任何物品，按照主持人的提示做动作：请闭上双眼，双手自然下垂，深呼吸3次。现在一个魔术师来到你面前，请你伸出双手，手心朝上，胳膊伸直平举，与肩齐平。魔术师在你的左手里放了一个小铅球，接下来在你的右手里放了一个小气球，请托好；魔术师开始变魔术了，他朝你的左手吹了一口气，铅球变大一倍，他又朝你的右手吹了一口气，气球也变大一倍；魔术师继续变魔术，他又朝你的左手吹了一口气，铅球继续增大一倍，他继续朝你右手吹了一口气，气球也随之增大一倍；魔术师就这样不停吹下去，你左手的铅球继续变大，小心，请一定要托好，别让它掉了；右手的气球也越变越大，大到脱离你的手，就要飞了。到这里，请老师们慢慢睁开眼睛，回味刚才游戏中的感受。

其实，在刚才的心理游戏中，心理暗示起到很大的作用，将本来没有的事实通过想象加以实现，可见心理暗示对一个人认识和感受事物有着十分重要的作用。对于我们教育工作者来说，想要让我们的教育目标实现，就必须要了解一些相关的心理学原理，并自觉地运用到平时的教育教学中去。

在教育教学中您是否有过运用心理学原理解决问题的案例？您有怎样的深刻体会？不妨与身边的伙伴分享一下或者用笔写下来。

困 惑 一

在学校的教育教学活动中开展心理教育是否必要？

作为一线教师，我们都深深地感受到，平时事务繁杂，处理班级的日常事务已经让我们应接不暇，更别说进行心理教育了。但越来越多的调查和实践表明，在平时的教育中进行心理教育不仅是学生发展的需要，也是社会发展的需要，更是现代教育的需要。

观点一：进行心理教育是学生发展的需要。

一名中学生的心声：经过一学期心理课的学习与交流，我感到心理课学习很重要，它能使我们了解自己，明白自己内心世界的感受，教会我们如何调节自己的情绪，知道自己的不足之处，并改掉它，完善自己。它使我渐渐地注意他人的感受，在考虑问题上能从他人角度去思考，使我对问题看得更清楚，渐渐地我对考试不再害怕了；懂得了如何与同学、老师及朋友交往，现在我似乎感到他们已成为我生命中不可分割的一部分。

【随园夜话】

上面的游戏让我们切身体会到，人的心理因素影响着人的意识形态。现实中，教育工作者也越来越重视心理教育，那么，在我们的学校教育中怎样才能更有效地开展心理教育呢？

一名二年级小学生的心声：二年级，我们的学习中又多了一项科目，那就是心育课。我爱上了心育课，这门课使我增长了不少知识，也有一定的收获。我以前性格内向，不喜欢和同学在一起玩，觉得上学就是学文化。自从上了"开心小窍门"课，我觉得和同学在一起玩有不少好处。同学们互相帮助，下课一起做游戏，非常快乐。我还时常和妈妈说学校里的开心事，妈妈说我进步很大。心育课不但能使我学到知识，而且使我的性格改变了。

倾听了孩子们的心声之后，我们不难意识到，孩子的成长离不开心理辅导。

观点二：进行心理教育是社会发展的需要。

我们知道，社会是由个体组成的，而个体的发展也正是在社会的发展中进行的。个体发展包括身体发展和心理发展两个方面。苏霍姆林斯基在《让少年一代健康成长》一书中指出，当人的生命活动中细腻的神经系统的作用一代比一代增强的时候，心理素养的培养就成了人的全面发展的主要因素之一。因此，对个体实施心理健康教育成了社会发展的需要，也是全面提升一个人综合素养的重要组成部分。

但在现实的教育教学中，学生们急需心理健康教育，当他们出现心理上的困惑时，很难得到教育者及时的指点。学校教育建立了以班主任和专职、兼职心理辅导教师为骨干，全体教师共同参与的心理健康教育工作体制，全体教师为学生提供情感与心理支持，达成最终目标，从而促成学生的发展。只有学生有了更好的发展，才能强有力地推动社会的进步与发展。

困 惑 二

在学校教育中是否等学生有了心理问题才进行心理教育？

观点一：心理教育应防患于未然。

学校教育是以学生的健康为本的，而学生的健康表现在身体和心理两方面。前者多为显性，人易见之，亦易察之，固当警惕；而后者多为隐性，人易蔽之，亦易忽视，尤需重视。二者兼顾，体、魄皆健康。而培养心理健康的途径又有两种，传统方法重在远离不良因素，排除已成痛苦，化解负向情绪，有如深沟高垒，御敌于国门之外，最终不免被动。积极的办法是防患于未然，充分开发学生的潜能，培育他们的自身优势，增强免疫能力，激扬生命活力，有如主动出击，用积极乐观的心态迎接各种挑战。因此，学校的心理教育并不是等到学生的心理出现了问题才予以重视和干预，而是在学生还没有出现心理问题之前就进行心理疏导，做到防患于未然。

观点二：相信个体自愈能力，挖掘潜能。

人人都是教育者，人人都是自我心理的调试者，人人都有积极的心理自愈能力，都有自我向上的成长能力。人的生命系统是一个开放的自我决定的系统，它既有潜在的自我冲突，也有自我完善的内在能力，个体一般都能自我决定其最终发展状态。教育者的作用在于激发与挖掘学生本身具有的内在的心理潜能，让学生养成积极的阳光心态，以便积极应对各种困难和挑战，杜绝心理问题的产生。

困惑 三

学校心理教育的目标及内容究竟是什么？

观点：心理教育能培养学生良好的品质和健全的人格。

南京师范大学郭亨杰教授指出，心理教育是一种以提高学生心理素养为主要目的，依托心理学和相关学科的原理和方法，以学生主体活动为主要载体并结合日常教育教学来进行的教育。通常所说的兴趣教育、思维训练、能力培养、创造教育、意志锻炼、性格教育、情感培养、社会适应性培养等均属于心理教育，是心理教育的组成部分。

心理教育的内容包括解决少数人的心理问题，更重要的是优化全体学生的心理品质。心理健康教育的总目标是：提高全体学生的心理素质，充分开发他们的潜能，培养学生乐观、向上的心理品质，促进学生人格的健全发展。

困惑 四

很多学校并没有配备专职的心理教师，该怎样开展心理教育？

观点一：每一位教师都可以成为学生的心理指导师。

虽然很多学校不具备配备专职心理教师的条件，但是教育专业出身的教师都有教育学和心理学的基础，一线教师更有着多年的教育教学经验，这些都是宝贵的财富。但光靠这些是远远不够的，教师还需要不断地进行学习，学习相关的心理教育常识。比如南京师范大学的心理健康保健师的培训、齐学红教授引领的南京师范大学的"随园夜话"班主任沙龙等，都是非常好的自我学习心理知识的机会。因此，就算没有专职心理教师也无妨，通过后天的学习，每一位教师都可以成为学生的心理指导师。

观点二：每一位教师可以在平时的工作中有意识地将心理学原理运用到教育教学中来。

虽然我们国家在心理学这门学科上起步较晚，但是我们可以借他山之石以攻玉。如埃里克森的自我发展理论、布鲁纳的发现学习理论、艾宾浩斯的记忆理论、华生的行为主义心理学研究成果、苏伯尔的有意义接受学习理论及罗森塔尔的罗森塔尔效应实验都值得借鉴。

例如，有一位教师在课堂上运用心理暗示紧紧抓住孩子们的注意力，进行高效的教学，不仅教师教得轻松，孩子也学得兴趣盎然。当然，这位教师所运用的心理暗示不仅是语言上对孩子们的夸赞，让每个孩子相信自己可以做得很优秀，而且用眼神和体态语言拉近了与孩子们的心理距离，让孩子因为喜欢教师而更喜欢这门学科，孩子们学习起来就显得更加轻松、有兴致，从而达到事半功倍的效果。

观点三：可以通过丰富多彩的活动和环境布置进行潜移默化的心理教育渗透。

学生学习生活的场所相对比较固定，教育者可以利用丰富多彩的活动对学生进行心理教育。例如，丁晶晶老师在指导学生合作办报的过程中对学生进行心理教育。首先，她让学生竞聘上岗组建"报社"，接着公开竞标合作办报，然后定期小结，出现问题及时解决。为了真正起到办小报育人、育心的作用，学生还特别制定了相关制度。小报不仅深受学生、家长的喜爱，而且也提高了学生的心理素养和学习能力。

我的观点

上述小组讨论的困惑，在您的工作中是否也出现过呢？您还有补充或不同的观点吗？

心理教育要落实到班级

黎鹤龄

二十多年来，中小学的心理教育有了长足的发展，已引起人们的普遍重视。但是，心理教育是面向全体还是面向少数学生，心理教育的关注重点在发展上还是在矫治上，在实践中还存在一些问题，值得深入探讨。

一、心理教育仅在学校层面是不够的

心理教育是为少数学生服务还是为全体学生服务，这个问题似乎不是问题。但在实际工作中，相当多的学校关注的仅仅是少数的"问题学生"。

1. 心理教育应当是面向全体学生的教育

在这方面产生问题，根源多半在于对什么是心理教育缺乏正确认识。班华教授是我国最早研究心理教育的专家之一，他在《心育论》中指出："心育即心理教育，是有目的地培养受教育者良好的心理素质，提高其心理机能，充分发挥其心理潜能，进而促进整体素质提高和个性发展的教育。"① 不难看出，我们说的心理教育，实质是指学生心理素质的培养，那么教育对象就必须是全体学生，而不是部分学生。可以用体育做

---

① 班华．心育论［M］．合肥：安徽教育出版社，1994：9.

【问题聚焦】

班级如何开展心理教育？

通过以上的讨论和分析，我们发现，大家其实都在关注同一个问题，即一线教师如何在学校教育教学中实施心理教育，如何培养学生的心理素养，让教育真正走进学生的心里，成为每个学生成长源源不断的动力。

比较：现在，已经不会有人将体育理解为是针对部分身体不好的学生而进行的一种教育；一提到体育，我们自然会想到"这是面向全体学生的教育"。其实，心育不也一样吗？它是要优化全体学生的心理素质，而不仅仅是矫正少部分学生的心理问题。

2. 心理教育落实到班级才能面向全体学生

要面向全体学生开展心理教育，只在学校这个层面开展是不够的。不同年级的学生，有不同的心理素质培育要求，甚至一个年级不同的班级，也会有心理倾向的差异。班级是学校的最基层单位，是实施各种教育的基本单位。只有立足班级，心理教育才能落实。

二、班级心理教育要注意"三个为主"

1. 班级心理教育要以学生为主

实践证明，真正有效的教育，必须是学生自主的教育，心理教育也应当是这样。在教育部印发的《中小学心理健康教育指导纲要（2012年修订）》的文件中明确指出："要在教师的教育指导下，充分发挥和调动学生的主体性，引导学生积极主动关注自身心理健康，培养学生自主自助维护自身心理健康的意识和能力。"心理教育界早已有共识：心理教育的一个重要原则就是"助人自助"。教师的主导作用在于指导学生学会自己教育自己。班级心理教育应该是在班主任的指导下，学生唱主角，由学生策划、组织、实施以至评价。

2. 班级心理教育要以优化为主

曾经听到有学校领导说："我们学校的学生没什么心理问题，没有必要开展心理教育。"这是没有认清中小学心理教育的主要方向是什么。心理教育不等于心理咨询，更不是心理治疗。其实，《中小学心理健康教育指导纲要（2012年修订）》讲得很清楚，"心理健康教育的总目标是：提高全体学生的心理素质，培养他们积极乐观、健康向上的心理品质，充分开发他们的心理潜能，促进学生身心和谐可持续发展，为他们健康成长和幸福生活奠定基础"。这分明就是"优化为主"。因此，班级的心理教育主要是关注学生的心理素质培育和优化。班级心理教育要以优化为主，也要与教师的专业身份有关。对于心理疾病的矫治，必须由具有心理医生资质的人进行。普通的教师不具有心理医生资质，再有爱心，也不能从事心理矫治工作；如果发现学生有严重的心理问题，这时不是去"教育、帮助"，而应转介给有治疗资质的医生。

3. 班级心理教育要以活动为主

班级心理教育，不能成为心理学的学科教学。学生心理素质的培育和优化，需要有"活动"这个媒介。有专家指出："活动是主体身心参与的主客体相互作用的过程，是学生积极能动地获得切身体验的过程，它具有感性实践与心理过程有机联系的特征。"《中小学心理健康教育指导纲要（2012年修订）》则强调："心理健康教育课应以活动为主，可以采取多种形式，包括团体辅导、心理训练、问题辨析、情境设计、角色扮演、游戏辅导、心理情景剧、专题讲座等。心理健康教育要防止学科化的倾向，避免将其作为心理学知识的普及和心理学理论的教育。"开展班级心理教育，我们可以设计专门的心育活动，也可以在各种活动中注意挖掘或强化其心育功能。例如，学生上台演出，过去我们只关心节目内容及演出效果，而从心理教育的角度，就要更多地关心学生在演出过程中自信心是否增强，观察力、感悟力以及交际合作能力是否提升等，我们应该将演出的过程作为培育及优化学生心理品质的过程。因此，我们说班级心理教育要以活动为主，这里的活动，是有心理教育目的的活动，而不是为活动而活动。

三、班级心理教育重在机制建设

班级心理教育要想取得真正的实效，不能靠一两次活动，而要长期坚持，这就需要一定的机制做保证。机制的建立，一靠体制，二靠制度。这里所谓的"体制"，主要指的是组织职能和岗位责权的调整与配置，班级的组织职能和岗位责权中应该包含心理教育的内容。

1. 班委会中要增设"心育委员"

"心育委员"的主要责权是在班主任指导下，配合班委会了解和反映同学的心理信息，组织心理教育活动。

2. 建立必要的心理教育制度

要求每个班制订心理教育计划是不易做到的，但在制订班级教育计划时融入心理教育是必要的，如建立心育委员制度、心理信息采集汇报制度、心育小课题研究成果交流制度等。教育部的文件对小学、初中、高中的心理教育任务都提出了一定的要求。学校应在此基础上，结合本校学生心理发展的实际，提出各年级心理教育的任务和建议。而班级则应根据学校的要求和本班学生实际，确定心理教育的任务，融入班级教育计划之中。

3. 营造班级心理教育的氛围

在软环境方面，重点是要营造和谐的人际关系，包括师生关系、生生关系，与之有关的还有教师与家长的关系、学生与家长的关系等。班主任要善于调动各方面的积极性，协调好各方面的关系。硬环境建设主要指加强教室的环境布置。英国学者提出运用心理学理论增强教室布置的科学性，值得我们思考。布置教室环境时需要注意这样几个问题：（1）教室布置适合学生需要吗？（2）教室环境符合教学要求吗？（3）教室的布置有足够的灵活性吗？（4）考虑教室的设计有没有充分听取学生的意见？[①]试想，我们的教室布置如果都能够征求学生的意见，而且尽量采纳他们的合理意见，学生生活在这样的环境中，心情能不愉悦吗？平时，我们有不少没注意到的地方。例如出黑板报，很多班级出了黑板报，上面却没有主编的名字，没有作者的名字，更没有抄写员及美工的名字。它给学生传递的是"我不重要"这样的负面信息，显然不利于学生的心理发展。因此，班主任要从软环境和硬环境的建设入手，营造班级心理教育的氛围，培育学生的心理品质。

总之，学校的心理教育要落实到班级，班级心理教育要强调全员性、正面性与活动性，要让学生成为心理教育的主体。如果能这样开展工作，相信学校的心理教育就会越做越扎实，越做越有效。

---

① 怀特布雷德.小学教学心理学［M］.赵萍，王薇，译.北京：中国轻工业出版社，2002：22.

从管理技术到交往共生：心理与教育

齐学红[①]

教育学与心理学作为师范专业两门重要的专业基础课，其开设的必要性与重要性似乎不言自明，但对于很多教师而言，可能从未深入思考教育与心理的关系。在具体的教育教学实践中，心理学运用中的工具理性、技术理性的成分越来越明显，心理学或简化为教学方法与策略，或工具化为管理技术。而心理与教育、心理学与教育学的本体关系似乎为人们所淡忘。接下来将从三个方面与大家分享我在这个问题上的认识与思考。

一、心理学与教育的关系再审视

1. 避免技术理性、工具理性的误区

通俗地讲，心理学主要研究人的心理发生发展机制，教育要想对人的身心发展发挥影响作用，不能不建立在心理学的基础之上。而目前心理学的研究成果在向教育实践的转化与运用上还远远不够，我们教师自身的心理学素养远远不能适应学生身心发展不断增长的需要，很多的学生心理问题，如青春期情感问题、网瘾问题等被作为品德问题简单粗暴地加以对待，学生的心理需求没有得到应有的尊重。心理学运用中的工具理性、技术理性的成分明显，心理学或简化为教学方法与策略，或工具化为管理技术，很少站在学生的立场上，从学生心理发展的需求角度加以科学对待。同时，心理学对于教师自我发展与成长的意义并没有得到重视。

2. 从治理之术到经营之道

对于班主任而言，如何摆脱心理学应用的工具理性与技术理性，探

---

① 解读专家：齐学红，南京师范大学教育科学学院教授，博士生导师，南京师范大学班主任研究中心主任，江苏省教育学会班主任专业委员会理事长。

索如何从治理之术走向经营之道，不断提升自己的教育和管理水平，是班级管理实践中一个重要话题，值得深入研究。概而言之，就是班级管理工作首先要建立在学生身心发展的需要基础之上，将研究学生作为班主任的一个研究课题，而不是仅仅完成学校一系列的管理任务。要从学生身心发展的需要出发，探索班主任与学生之间良性互动关系的建立。

二、心理与教育融合的可能空间

具体到班主任工作，可以从以下方面探索心理与教育融合的可能空间。

1. 救人救己：班主任职业生涯的规划

心理学的知识首先可以惠及班主任自身，从班主任自身的心理健康与身体健康，班主任自身的情感需要的满足，与家人、同事、领导、学生及学生家长之间有效的沟通与合作，进而到班主任职业生涯的规划，都离不开心理学知识的保驾护航。一些地方或学校将心理健康知识的普及纳入对班主任的考核或职业生涯规划中，体现了对班主任自身心理学知识和素养的关注。

2. 教育方法手段的更新

从比较功用的角度分析，心理学的知识和技能可以直接惠及班主任的教育方法与手段的更新。很多班主任仅仅有对学生、对教育事业的热爱，以及对于班主任工作的热情，但往往缺少有效的教育方法和手段。所以，班主任要加强自身心理学知识的学习和技能的提高，努力提升自身工作的专业化水平，而不是仅仅在经验层面上开展工作。

3. 专业成长的内在需要

班主任应将对心理学知识的学习和技能的提高纳入自身的专业成长中，有意识地将理论与自身的教育教学实践相结合，努力成为一个专业化的班主任。

三、心理与教育融合的有益尝试

在班主任的工作实践中，有许多老师在心理与教育的结合上做了大量的研究与尝试。其中，校园心理剧就是一种方式。校园心理剧将戏剧化的表演迁移到学校中，将来自现实生活中的教育事件或故事、矛盾冲突以一种戏剧化的手段加以艺术化地呈现，帮助当事人认识矛盾冲突产生的原因，探索可能的解决方法与手段，同时起到教育全体学生的作用。校园心理剧的引入丰富了我们的教育方法与手段，深受学生的喜爱。

总之，心理与教育的融合存在着广阔的创造空间。而班主任身处教育教学的最前沿，身边每天都发生着许许多多的矛盾冲突或教育故事，其中蕴含丰富的研究资源。只要本着求真务实的研究态度，一定会有新的教育方法与手段创生出来。

每一位班主任都是"心理辅导员"

张立功[①]

现代班主任理论赋予了班主任多种角色。比如，班主任是班级的管理者，是班集体的建设者，是学生生活的指导者，是学生成长的引路人，等等。心理辅导员也是班主任众多角色中的一种。从成功的经验来说，班主任如果能担当好心理辅导员这一角色，不仅班级容易带好，自己以及学生的心情也会好。

一、班主任为什么应该成为"心理辅导员"

（一）学生的许多问题属于心理问题

众所周知，今天的学生的心理问题相当严重。若干年前，浙江金华的中学生徐力杀害母亲的案件震惊全国，引起了反思。事情很简单，不过是徐力的学习成绩有点问题，母亲多说了几句，他一气之下就用榔头

---

① 提供者：张立功，南京外国语学校仙林分校专职心理教师，高级教师，国家二级心理咨询师。

把亲生母亲杀害了，这是典型的情绪失控问题，并非品德问题。①《南京晨报》曾刊登过这样一个例子，一名15岁的女学生，在家里娇生惯养，深受父母的宠爱，可有一次因为成绩不好，被妈妈打了一巴掌，结果一气之下就出走了，被骗子骗到了洗头房，差点误入歧途，这是因为心理承受能力差导致的。

学生心理问题不少，但在班主任工作中却容易产生一种误区，即把心理问题当成了德育问题和管理问题，从而试图通过德育和管理的方法去解决，这种做法有时候也能奏效，但更多时候是没有效果的，甚至会产生负面作用。例如，有的孩子上课不认真听讲，注意力不集中，我们常常认为这是缺乏组织纪律性，其实问题没那么简单，有的可能是个性上的问题，天生好动，坐不住；有的可能是学习困难，听不懂，当然听不下去了；有的可能是情绪不好，心理处于低潮期，无法集中注意力。这些都是心理上的问题。

再如，在初中的某段时期，同学间流行一种把男生和女生胡乱搭配的现象，动不动就说谁和谁好，谁和谁是一对，这种现象也很难说是学生的思想品德问题，它实际上是处于青春期早期的学生对异性的一种特殊的关注方式，绝大部分是无稽之谈，学生自己也很少有人把它放在心里。

所以，学生的许多问题其实是心理问题，我们不能动辄就用德育和管理的方式去解决，不能随便给学生"扣帽子""打棍子"，也不能随便用扣分的方法把问题做简单的"量化"。心病还需心药医，班主任如果学会用心理辅导的办法去解决这些问题，效果会更好。

（二）学生的发展依赖于良好的心理素质

学业成就的取得与良好的心理素质有着紧密联系，包括意志、品格、态度、情绪等在内的非智力因素实际上在很大程度上决定了学生的学业成绩。非智力因素同时也决定了智力开发的水平，非智力因素水平越高，智力因素就越能得到最大限度开发，反之亦然。

---

① 关颖.大数据告诉你：严管反而出逆子［J］.云南教育（视界综合版），2015（2）：19.

客观地说，在一个人的发展过程中，良好的心理教育起着关键性的作用。一个基本的事实是，当我们走向社会时，中学里学的知识基本上都用不到了，而社交能力、合作能力、创新能力，以及性格、意志、态度、观念、自信等心理要素则显得越发重要，甚至决定了一个人的发展高度和所能取得的成就。

因此，班主任要对学生的一生发展负责，就需要扮演好心理辅导员的角色，科学运用心理学技术，帮助学生解决心理困扰，提升心理素质。

二、班主任应该如何扮演好"心理辅导员"这个角色

（一）创造健康的班级心理环境

健康的班级心理环境是指能满足学生各种合理的需要、有利于学生心理发展的环境。一个良好的班集体氛围有利于学生成长，在这样的班集体中，每一位学生都有安全感、自尊感、自信心、成就感、价值感、归属感，学生心情愉快、积极上进、团结合作。在这样的环境中，学生的心理问题会大大减少；反过来，如果一个班集体不能让学生产生安全、自尊、成就、归属等心理体验，那么学生的心理问题就会大量增加，也容易出现这样那样的问题。有这样一个真实的事件。2004年5月19日，江苏苏北某市一名17岁的初三少女因为父亲是残疾人，母亲是贩卖熏烧制品的小商贩，爷爷曾是劳改释放人员而经常遭到同学嘲笑，有一天晚上，她终于不堪忍受，在向父母诉苦又遭到母亲指责后，喝农药自杀而亡。[①]少女的死不仅因为自身的心理素质不够高，也因为她的同学不断刺激伤害了她的心灵，这种刺激、伤害成了悲剧的直接诱因。如果这个班集体温暖和谐、同学之间能互相尊重，大家都能小心呵护这个女孩脆弱而自卑的心灵，这样的悲剧完全可以避免。

那么，如何创造健康的班级心理环境，防患于未然呢？

---

① 佚名.江苏17岁少女遭同学歧视自杀［EB/OL］.（2005-10-08）［2015-07-12］.http：//www.sina.com.
cn2005/10/08 14：23.

1. 教师要尊重每一个学生

教师要尊重学生的个性，尊重他们的家庭，尊重他们的意见和建议，不打击、不挖苦、不讽刺，也不要不理不睬。因为尊重是教育的前提，也是每个人的基本需要。当然，尊重不是无条件地顺从，教师要拿捏好"度"。

2. 教育学生要互相尊重

许多心理问题来自学生之间不良的人际关系。比如，一些学生喜欢指责打击别人，说话做事只顾自己的需要而不顾同学的感受，瞧不起同学的家庭、相貌、成绩等，这些问题不仅会影响人际关系，带坏班风，而且会导致学生自卑、烦躁等，甚至给心理承受力差的同学带来严重的后果。

3. 建设良好的班风

班风也就是班级风气，也可以叫班级性格。从学生心理健康的角度来说，良好的班风包括以下内容：积极上进而不是消极落后；活泼开朗而不是压抑沉闷；竞争合作而不是各自为政；理解体谅而不是斤斤计较；认同接受而不是排斥打击。在这样的班集体中，学生会感到心情愉快，他们的安全感、自尊感、价值感、归属感都能得到满足，心理压力会大大减小。

4. 管理上要宽严有度，因人而异

宽严有度是指管理上要灵活一些，不要搞得太死板、太教条，要给学生一定的自由空间和个性空间。因人而异是指针对每个学生的心理特点和个性特点，班主任要灵活地实施教育管理。比如，有的学生需要严管，有的学生需要激将法，有的学生需要哄，有的学生需要鼓励，等等。班主任应该研究每个学生的特点，确定最适合的管理方式，使每个学生都能产生良好的心理体验。

（二）注重教育艺术

从心理健康的角度看，注重教育艺术的作用在于减少对学生的负性刺激，让学生愉快地接受你的教育、享受你的教育，减少"师源性"心理问题的产生。例如，优秀班主任丁榕老师对拿人家东西的学生是这样处理的：一名学生拿走了同桌的钢笔，当时她没有责怪也没有批评，而是自己掏钱买了一支钢笔送给这名学生，并对他说："我知道你喜欢钢笔，这支钢笔送给你，我也知道人家的东西你肯定不会要的，趁人家不注意的时候你一定会悄悄送回去的。"几十年后，这名学生带着自己的孩子来看老师，一进门就跪在了丁老师的面前，并对他的孩子说："没有丁奶奶，就没有你爸爸的今天。"

教育艺术的外延很广，包括教育机智、个别教育的艺术、集体教育的艺术、语言艺术、非口语行为艺术等，这里选择其中两种从心理健康的角度略做说明。

1. 语言艺术

俗话说，良言一句三冬暖，恶语伤人六月寒。可见，语言对于人的心理影响是非常大的。我曾接待过这样一名学生，她是一名女生，小学成绩一直很好，但上初一后，有一次数学没考好，她问班主任能不能报名参加奥数班，这位班主任说："就你这成绩也想参加奥数班？"从此，这名女生就再也没有好好学过数学，慢慢的其他学科成绩也下降了，逐渐成了一名具有严重叛逆心理的学生。还有一件更严重的事：福建省龙海市一名14岁的女孩因为数学老师说了一句"你有本事就不要来读书"，便在"六一"前结束了自己稚嫩的生命，她在遗书中写道："爸爸妈妈，对不起你们，我已经喝了毒药，我宁愿求死也不去读书，我是个很要面子的女孩子，如果我去读书的话，那个老师会对我好吗？虽说我这么小就死了，但我值得，比被人看不起要好……"老师这么一句伤人的话就断送了一个花季少女的生命。这样的语言不仅起不到教育的作用，还对孩子构成了强烈的心理刺激，班主任一定要引以为戒。

总的说来，在教育学生时，班主任的语言要亲切、平和、委婉，尽量使用感悟性的、协商性的、启发性的、鼓励性的语言，少用直接的、武断的、粗暴的语言，这样就可以大大减少对学生的负性刺激。

2. 非口语行为艺术

教师的非口语行为就是运用目光、表情、动作、姿势、书面语言等手段，把教育意图通过暗示的、间接的方式传递给学生。一位老师以"老师的目光"为题让学生写篇短文，有一位学生这样写道：

朗读比赛正在进行，前面的同学表演得那么出色，我紧张得浑身出汗。轮到我了，我茫然地走上台去，看着台下密密麻麻的人，我的脑子一片空白。突然，我接触到了老师的目光，她笑眯眯地看着我，目光分明在说："别怕，你一定能行。"很快，我进入了状态……朗读后，台下掌声四起，我偷偷地看了一下老师，从她的目光中，我知道我是最棒的。

还有一位学生写道：

我只觉得一股凉气从脊背升起，大事不好，赶快把《名侦探柯南》放在课本下面，暗自庆幸《名侦探柯南》刚好能被课本遮住。老师走到我身边，我装着若无其事的样子看向他。天哪，我看到了什么！老师的目光简直就像一把利剑在向我迎面刺来。算了，还是把书交出来吧，省得被刺得体无完肤。

可见，教师的非语言行为对学生的心理影响也是很大的，运用得好，能产生积极的心理效应，不引起学生的反感，避免师生之间的正面冲突。

（三）学会做基本的心理辅导工作

作为非专业人员，班主任虽然很难对学生进行严格意义上的心理辅导，但对个别学生进行简单的心理辅导，则是必要的，也是可行的，其基本要求有以下几点。

1. 了解中学生心理健康方面的常识

在做心理辅导前，班主任要了解以下心理健康常识：中学生的心理特点和年龄特征，中学生常见的心理问题和心理障碍，判断中学生心理问题的方法，影响中学生心理健康的因素，维护中学生心理健康的一般方法，等等。这是做心理辅导的基础。

2. 建立辅导关系

任何心理辅导都要建立在良好的辅导关系的基础上，只有建立良好的辅导关系，学生才能打消疑虑，畅所欲言，对老师产生信任感。这就要求班主任首先要转换角色，弱化作为班主任的角色，在交流过程中应该与学生互相信任、互相尊重、绝对平等，注重心理沟通；其次，要和学生双向交流，不能只顾自己讲；最后，要保持客观性，不能进行武断的判断、推测，不能轻易下结论。

3. 要注意倾听

倾听可以帮助班主任了解信息，搞清问题，倾听本身就是一种心理辅导手段。倾听时要注意以下几点：要认真听——态度诚恳，感情真挚；要耐心听——不要随便打断对方的谈话；要有反馈——不断通过口头答应或表情动作表示接纳、理解和同情；保持中立——对学生的思想行为不直接判断是非或批评，对求助的问题不直接提建议或指示。

4. 要善用同感

同感也叫同理心、移情等，是指班主任要设身处地地进入学生的精神世界，体验他的内心感受，对他的情感做出反应。运用同理心要注意以下几点：要把自己放在学生的地位和处境感受对方的情感；使用尝试性或探索性的语气来表达；避免做简单的判断和评价，或自以为是地说教和劝诫学生。

5. 合理运用面质

通过面质，指出学生在认识与情感、行为与心理的矛盾之处，使学生能正视现实，消除心理防御机制，看清自己的心理问题，进一步认识自我。面质一定要有事实根据，要建立在良好辅导关系的基础上，避免发泄教师个人的情绪。

教育从育心开始

杨学[1]

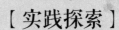

【实践探索】

李嘉诚说过："一个鸡蛋，从外打破，是食物；从内打破，是生命。一个观点，从外打破，是压力；从内打破，是成长。"作为已经工作了近三十年的一线教师，我深深明白这其中的道理。我们教育的对象是一个个生动活泼的孩子，我们不仅要促进孩子的智慧成长，更要帮助他们心灵成长，正是心灵的成长才能为孩子的全面发展提供源源不断的内在动力。

今天的孩子从智力发育看没有任何问题，却因处于独生子女的家庭环境和复杂的社会环境，让他们身上有着太多的特立独行，形成了很难融入集体的个性品质——自私、任性、固执，在集体中从不考虑别人的感受，心中只有自己。我想若要真正地将教育落到实处，我们首要的任务就是走进孩子的内心，促进他们心灵的成长、生命的成长。

记得上学年我刚接手一个新班，第一天就认识了张小强，是因为他下课与同学李明打架，当我想找他了解原因时，他站在门边，微低着头，眼露凶光，两手紧紧握成拳头呈打人状。看到这一情景，我不禁打了个寒战，这么小的孩子心中怎么会有这样大的仇恨！我试图让他将小手松开，却发现他手背上有被抓破的痕迹，伤口上还有丝丝血迹，顿时眼泪充满我的眼眶，我想带他去医务室，谁知他却扒着门死死不放……

面对这一切，我意识到这个眼露凶光的孩子的心灵一定正处于极度艰难的困境中。在接下来与其父母和同学的交流中，我了解到，张小强与李明矛盾由来已久。早在一年级时，李明曾经将张小强打得差点住进

---

① 提供者：杨学，南京外国语学校仙林分校小学语文教师，备课组长，优秀班主任，南京师范大学班主任研究中心兼职研究员，"随园夜话"班主任沙龙骨干成员，南京市仙林地区中小学班主任联盟副秘书长。

医院，从那以后他们俩就像仇人，只要相见便分外眼红。所以从一年级到三年级，他们之间的打架事件就从来没有停止过。

张小强的父母学历挺高，两个人都是国家公务员，生了这个宝贝儿子之后真是宠爱有加。尤其是父亲，因为自己从小备受父母严格管教约束，深感不幸，不希望儿子重走自己的老路，希望儿子能自由快乐地生活，因此教养孩子时近乎没有原则地给予孩子自由。在发生一年级张小强被打事件后，他的父亲教导孩子，只要李明敢动自己儿子一下，就鼓励儿子与李明对打，打赢了回家奖励，输了就不能算是男子汉。

在这样的错误引导下，张小强变得易怒，不分场合和对象地发泄，自然会受到老师的批评和同学的指责。张小强在班级中显得十分孤立，不合群，他不仅没有朋友，还开始厌学，让他做作业真是比登天还难！就这样，张小强就变成了一个受情绪困扰的孩子，出现打人后的那一幕也就不足为奇了。

对于这样的孩子，简单的指责和说教都是无济于事的，除了争取家长的配合外，作为老师，我必须走进孩子的心灵，了解他真正的需求，并给予恰当的心理支持与正确的引导。

1. 放大闪光点，屏蔽不良行为

仔细观察张小强一天的学习和生活，不论是上课、课间、做作业，还是与同学相处，都能找出许多缺点。为了改变这一现实，我选择忽视他的缺点，除非他的过分行为已经影响到全班同学，我才会出面制止。因为任何批评都会激起张小强脾气的爆发。

相反，如果张小强做出突出的表现，我会大张旗鼓地表扬。记得快到我们做升旗班的时候，为了更好地亮相，我请来两个教官给孩子们训练方阵。军训那天，张小强格外投入卖力。他是被教官选出做示范的第一个人，后来还给其他同学当教练，指导他们正步走。中间休息时，教官在我面前夸奖张小强有毅力，不怕吃苦。听了这样的评价，我先是吃惊，紧接着便喜上眉梢。

军训结束回到教室我们做总结时，我故作神秘地说："你们知道教官刚才跟我说我们班有一个同学是未来指挥官的料吗？"话没说完，孩子们就纷纷议论起来，猜了一圈也没猜到是谁。接下来，我大声地宣布："他就是张小强！"话音一落，全班鸦雀无声，张小强自己也惊讶地瞪圆了眼睛，张大了嘴巴愣在那里。接下来我更有意夸大地说："教官说张小强身上具备指挥官的气质，做事认真、有毅力、不怕吃苦……"全班响起了持续一分钟的掌声，此时的张小强满脸通红，忽然从座位上站起来向大家深深鞠了一躬。

正是这次表扬，让张小强开始认识到自己并非真的一无是处，自己身上有很多宝藏有待开发。接下来，我又利用班级贴在墙上的"我行我秀"的栏目，出了一期张小强个人特长展示的照片和文字介绍，进一步挖掘他身上的闪光点。就这样，张小强在一次次被夸大的肯定中开始勇敢地抬起头来关注身边的世界，开始愿意听一听身边人对自己的评价和建议。

2. 佩戴名牌，感受"我在乎"

为了让孩子认识自我，欣赏自我，塑造自我，我为班级每个孩子制作了一个写上姓名的名牌，每天和红领巾一起佩戴。虽然这只是一个小小的名牌，但它对成长中的孩子的行为却能起到很好的督促和约束作用。后来班上给它起了个名字叫"我在乎"。张小强戴上名牌就像明星一样走在校园里，他感到十分自豪，因为每走到一处别人都可以准确地叫出他的名字。同时为了维护自己的形象，他开始自发地调整、约束不恰当的行为，渐渐养成了"三思而后行"的习惯，因为自觉地维护和重塑自己在集体中的形象，张小强渐渐喜欢上了自己，开始在乎自己的一举一动对同伴的影响。

3. 帮助别人，快乐自己

一个人若想获得真正的快乐，感受生命存在的价值，一定是在人与人的交往中获得的。在与张小强友好的交流中，我发现他渴望得到同学们的喜欢和赞赏，经过引导，他觉得自己可以为班级和同学做好事，我微笑着点头赞许。

接下来，教室里经常会出现一个忙碌的身影：饮水机没水了，他三下两下就将纯净水桶换了上去；下课了发现黑板还没有擦，他上下挥动着手臂，眨眼就将黑板擦干净了；垃圾桶里堆满了垃圾，他二话不说麻利地拎起垃圾桶就将垃圾倒掉了；谁的钢笔没水了，一支吸满水的钢笔就递在眼前，解决了同学的燃眉之急；为了奖励更多先进，他自发地从家里带来大包小包的奖品……

这些点点滴滴都被记录在他的《成功日记》中，正是这一件件具体的好人好事，张小强感受着被集体和同学需要的那份幸福与快乐，身边的人常称赞说："张小强是一个热心、友善、阳光的男孩。"

渐渐地，我发现张小强在刻意接近我：发现我改作业辛苦，没有时间倒水喝，趁我不注意，悄悄地把我的水杯接上一杯温水，放在我的桌上，又不声不响地离开；吃饭时将自己最喜欢吃的一块肉留到最后，放到了我的餐盘中；为了送一架亲自制作的精致的飞机模型给我，在因雾霾停课那天仍坚持让他爸爸把他送到学校，亲手做完了模型交到我手上才肯离开……

不知不觉中，张小强身边的人都发现张小强不仅变得谦虚、爱笑，上课也开始认真听讲、积极发言，作业还能按时完成，上学期期末测试中张小强取得了不错的成绩。

虽然我们每天和这些孩子朝夕相处，但是要改变他们的行为和生命状态并不是一件容易的事情。因此，要想让我们的教育理念形成教育力，并不是简单说教就可以解决问题的，只有蹲下身来，真正地关爱和尊重孩子，让我们的教育从心开始，才能真正改变他们，并促进其心灵、生命的成长。

我的行动计划

以上围绕班主任如何实施心理教育的话题进行了沟通交流、分享互动，结合您的工作实际，您觉得上述讨论中的哪些做法可以在您以后的工作中有所尝试和探索呢？不妨给自己简单地列个计划。

六日谈 | 沟通心灵的桥梁
——音乐与教育

情境引入
- 朱光潜谈音乐与教育（节选）

随园夜话

问题聚焦
- 如何发挥音乐在班级教育中的作用？

名师视角
- 用音乐润化教育

专家解读
- 音乐是美的，教育也应该是美的

高手支招
- 班级如何开展音乐活动

实践探索
- 用音乐滋养孩子们的生命

心中充满旋律能渗透到人们的心灵深处。

——柏拉图

音乐教育并不是音乐家的教育，而首先是人的教育。

——苏霍姆林斯基

没有早期音乐教育，干什么事我都会一事无成。

—— 爱因斯坦

【情境引入】

音乐与教育，这是一个颇为浪漫的话题。世间事物有真善美三种不同的价值，教育的功用就在顺应人类求真、向善、爱美的本性，使一个人在这三方面得到最大限度的调和，以达到完美的生活。吴虹老师首先与大家分享了美学家朱光潜先生的一段文字，让人在感受音乐之美之余，体悟音乐对教育的作用。

朱光潜谈音乐与教育（节选）①

柏拉图写过一个长篇对话，叫作《理想国》，一个人在二十岁以前只需要有两种教育工具，一是体操，一是音乐。至于我们现在的学校里许多功课，像史地、理化、数学、社会科学、哲学、外国文学之类，他或是完全不讲，或是摆在二十岁以后的课程里。他的教育主张，在现代人看来很奇怪。可是如果你丢开成见，细心去想一想，你也许会佩服希腊人的思想，和他们的艺术一样，简单虽然简单，深刻却是深刻。体操讲究好了，身体可以健全；音乐讲究好了，心灵可以和谐。身心两方面都达到理想的状态，还愁有什么学不好或是做不好的呢？如果要教育的力量普及而又深入，舍音乐还有什么其他途径呢？

音乐对于人生至少有三重大功用。

第一是表现。情感思想都需要发扬宣泄。我们都知道在欢喜时大笑一场，在悲哀时痛哭一场，是一件畅快事。严守一个秘密，心里感觉不舒服；尤其是感情不能压抑，压抑便引起冲突和苦痛。依近代心理学看，许多精神病都是情感得不到宣泄的结果。一个人或一个民族到了不需要艺术的表现时，那只有两种可能：一是生气萎竭，二是生气受不了自然的歪曲，向不正常不健康的路途发泄。所以给生气以正常的康健的表现，也就是培养生气。音乐的表现是最正常的康健的表现，因为它是人类的普遍嗜好，而同时它的命脉在于和谐。音乐对于人的情感不仅能"发散"而且能"净化"，就因为它本

———————

① 朱光潜.谈美［M］.武汉：长江文艺出版社，2015.

身是和谐的，对于人的心灵自然能产生和谐的影响。

第二是感动。音乐直接打动感官，引起生理的反应，所以感人最普及而深入。中西神话和历史上都有不少的关于音乐感动力的传说。城市有借音乐造成的，也有借音乐毁倒的；胜仗有用音乐打来的，重围有用音乐解去的；美人有借音乐取得的，深交有因音乐结成的；名著有从音乐引起思致的，至道有借音乐证成的。在听音乐时，实在有两种乐调在进行。一是外在的，耳朵听的；一是内在的，听者身体在无意中所表演的。人类生理构造大致相同，所以一个乐调可以在无数听者的心弦上引起交感共鸣。音乐是极强烈的同情媒介，也就因为这个缘故。我们如果想尝广大同情的味道，最好在稠人广众中听音乐。乐声作时，全体听众屏息肃然静听，无论尊卑老幼，乐就都乐，哀就都哀，霎时间不独人我之见泯除净尽，即传统习俗所积累成的层层枷锁也一齐丢开，我们在霎时间回到自由的原始人，沉没到浑然一体的大我。音乐使我们畅快，周围许多人都同时在分享我的感觉，意识到这一点，我们更加畅快。

第三是感化。感动是暂时的，感化是久远的。音乐由感动至感化，因为它的和谐浸润到整个身心，成为固定的模型（pattern），习惯成为自然，身心的活动也就处处不违背和谐的原则。内心和谐，则一切不和谐的卑鄙龌龊的念头自然无从发生。中国先儒以礼乐立教，就为明白了这个道理。乐的精神在和谐，礼的精神在秩序，这两者中间，乐更是根本的，因为内在和谐，外在自然就会有秩序，没有和谐做基础的秩序就成了呆板形式，没有灵魂的躯壳。内心和谐而生活有秩序，一个人修养到这个境界，就不会有疵可指了。谈到究竟，德育须从美育上做起。道德必由真性情的流露，美育怡情养性，使性情的和谐流露为行为的端正，是从根本上做起。唯有这种修养的结果，善与美才能一致。明白这个道理，我们就会明白孔子谈政教何以那样重诗乐。

在班主任工作中，您是否也曾被歌声或音乐打动过？您和您的学生，是否发生过和音乐相关的有意义的故事？用笔写下您的故事吧！

【随园夜话】

朱光潜先生出生于1897年，当时写下的文字现在读起来依然能打动人心。这就是美的力量，让每个人都有所感触。班主任在小组之间进行了交流和分享，也提出了对音乐和教育的一些困惑。

困惑一

音乐对于学生而言，有哪些具体的教育功用？

观点一：作为一种教育手段，达到教育目标。

音乐可以作为教育过程中的一种手段，当然也要看你所要解决的目标是什么，目标不同，它在教育过程中所起到的作用是不一样的。音乐对于教育而言，主要是进行美的传播。在某种程度上而言，音乐教育和美术教育一样，都是培养孩子们形成良好的审美观的方法。

观点二：借助音乐培养学生健康的情绪和健全的人格。

教师被誉为"人类灵魂的工程师"。教师的教育智慧是需要有灵性的。借助音乐这一大家喜闻乐见的形式，将教育转变为灵魂陶冶，从而通过培养学生健康的心灵，培养他们健康的情绪和健全的人格，促进心灵和智力的发展。

困 惑 二

音乐对于教师自我教育而言，有哪些作用？

观点一：音乐可以荡涤心灵，唤醒教师的教育理想。

当一首熟悉的乐曲响起，大家一起合唱，久违的感觉能够让每个人彼此走近，这正是音乐独特的魅力所在。作为一种排遣自我心情的方式，音乐能够被热爱教育的人赋予独特的生命力。在今天的社会，为什么本应充满人性魅力的教育变得那样令人生厌，令学生恐惧、愤恨？拯救教育不仅仅需要深刻的批判，更需要理想的唤醒，没有理想的教育只能与世俗社会同流合污。音乐正是能够唤醒教师内心的真诚与理想、净化心灵的良药。

观点二：音乐可以帮助教师放松心情，调整工作状态。

音乐能唤醒教师的主体意识，也能改变教师的工作状态。音乐给教师带来的是和谐——父女和谐、夫妻和谐、母子和谐，这种心灵的和谐会唤起教师的工作激情，进而把这种"和谐"传递给学生。

困 惑 三

如何将音乐应用到教育实践中？

观点一：利用日常学习间隙组织学生唱歌。

曾经看到这样一幅画面：在某所中职院校，学校8时开始上课，为了不影响其他班上课，有个班级从7：50到8：00唱十分钟的歌，每个星期都唱同一首。某个星期选择的是《我们都是好孩子》，学生们唱着唱着就觉得，他们真是好孩子。有的老师好奇地走到窗前侧耳去听，班上的学生一边唱一边扭头瞅他，唱给他听，使这位老师的心情一整天都非常愉快。事实上，学生唱歌除了给自己快乐，也给了老师一种感动。音乐是发自心灵的声音，感化带来的力量是长久的。

观点二：通过音乐和歌声提升班级的凝聚力。

高中的学生，尤其到了高三，备考的生活可能让人窒息。也许学生在面对模糊不清的未来时，前进的马达总不能全力发动。如果每天早上七点钟，全班手拉手唱班歌，一种力量就会在手与手之间传递，赶走了疲惫，驱走了彷徨，消除了猜忌，打开了心灵。在特殊的阶段，用音乐提升学生的凝聚力，可以抚慰和放松学生迷茫的心情。

观点三：将班级图片和教育故事配上音乐以传达感情。

图片或文字配上音乐时，带来的感动会更有渗透力。例如，将学生照片配上一些积极的、阳光的乐曲，学生会更容易被照片的内容所打动。教师也可以根据需要，把自己的教育故事用文字和图像，配上恰当的音乐表现出来，这不仅是给学生的一种感动，也是一种教育反思，一种自我成长的记录。

我的观点

上述小组讨论中所提到的困惑，您是否也有过呢？您对于音乐和教育的感悟，还有其他补充或不同的观点吗？请和我们一起分享一下吧！

名师视角

用音乐润化教育

王海韵[1]

古希腊哲学家柏拉图说过："在教育中，我们一向对于身体用体育，对于心灵用音乐。"音乐是情感的艺术，比其他艺术更直接诉诸人的感情，加之思想品德教育中行之有效的方法是"晓之以理，动之以情，导之以行"，这其中"情"是关键，一个"情"字把音乐教育与思想品德教育、情操培养紧密地结合了起来，把音乐渗透到德育中去，充分利用美育对学生进行人格培养。我深刻感到音乐教育在提升学生的综合素质方面，有着其他教育形式不可替代的作用。无论是学科教学还是班主任工作，我始终觉得教育除了呵护、关爱，还应该有感染和浸润，育人的工作需要用艺术的美来锦上添花。

一、善于运用学科育人，不断促进学生人格的健康成长

我很赞同"职业使命感"之说。对于我们来说，把自己的工作当成是"对孩子成长终身受益"的事来做，这里的受益除了知识的获得，更要有人格的完善。纵观当今教育，人格教育依然是我们教育中的一个盲

① 提供者：王海韵，南京外国语学校仙林分校原教导处主任，南京市资深德育专家。

【问题聚焦】

如何发挥音乐在班级教育中的作用？

音乐是美丽的，带来的感动也是切实的；然而，音乐是一种抽象的手段，在实际工作中，班主任们究竟应该如何将音乐渗透到自己的教育工作中，将音乐的教育功能放大呢？

点，目前衡量学生的标准似乎只有一个，那就是学习成绩的优劣。

我一直认为，教师不应该仅仅是本学科的教学能手，更应该是育人的教育能手。一个班不只是由一位班主任来负责，而是由几位老师共同管理，每位任课老师都应承担起教书育人的责任，真正做到全员育人。所以，南京外国语学校仙林分校有了班改（即班级管理体制改革），有了教育小组，并且做得很成功。我们知道，每一门学科都有自己的学科特点，每一位老师都有自己的人格魅力，每一位学生都有自己的个性和多面性，这就向我们传达一个信息：老师都应该把自己当成班主任。德育和智育是相互统一、不可分割的，我们不仅要充分利用各门学科发展学生的认知，还要利用不同的学科培养学生的情感与道德品质。而音乐更是一门情感的艺术，在学生成长的过程中起着不可估量的作用。

无论是音乐教学，还是班主任工作，老师们通过旋律、节奏拨动学生的心弦，通过富有哲理的歌词去打开学生的心扉，把教育变得和谐，变得温润，变得沁人心脾。

二、努力成为真正的文化人，在育人的过程中善用音乐

要做一个既让学生喜欢又在教育教学中取得好成绩的老师，首先要让自己成为"文化人"——博览群书，具有艺术修养。现实中我们可以发现很多被学生喜欢的老师，很大程度上得益于他们的艺术修养。我时常感到，没有艺术的教育是缺少色彩和温度的。

很多班主任说自己不是音乐教师，对音乐不懂；但不管是谁，我想应该都是喜欢音乐的，至少只要音乐一响起，都具备辨别是否好听的能力。所以，我们在工作中，可以换一种视角，从音乐中去挖掘一些教育的素材，将之作为契机。其实，作为非音乐教师的班主任来说，都可以去尝试。比如，大胆尝试过去学堂乐歌"依曲填词"的做法，这样班歌很快就诞生了。试想，学生每天唱着你写的班歌，或者是他们自己创作的歌，在音乐中振奋力量，更在创编的歌词中涵养自己的音乐修养。难道这样的教育不比说教更能拨动孩子的心弦吗？

所以，适当的艺术修养可以提升教师的审美情趣，丰富教师的情感世界，让教师拥有包容的心和开朗、随和的性格。

三、活用人间"节"语

班歌是一个很好的实例，班会更是一个重要的教育途径。但是我更希望看到充满艺术性的、感动人的主题班会课，可是怎样去做，这仍是很多老师困惑的地方。

讲到这里，让我想起了叶澜教授的人间"节"语育人。我们可以根据这些"节"语，再结合各个学校和学生的情况，创造属于学校生活的"节"语，这是一件很有创意的事，它可以是包含天、地、人、事、情意、智慧、童趣、教育美的多元综合的学校生活"节"语。比如"中秋""端午"等佳节，还有诸如"艺术""合唱"等校园举办的节日等，班会课可以围绕这些节日把任务分配到各个小组，进行集体准备，用音乐贯串主题，用多种艺术表现形式呈现。我想这样教育才是灵动的，才能真正走进学生的心灵。

不要忽视教育的每个细节，更不要忽视教育的最佳时机。"节"语的班级文化建设，可以多用音乐来渲染氛围，多用音乐来点拨孩子，多用音乐来润化教育，这何尝不是一件事半功倍的做法呢。

专 家 解 读

音乐是美的，教育也应该是美的
吴虹[1]

虽然音乐是无形的，但是它是那样的美好，有魔力。还记得，我曾在两个不同的场合听《放牛班的春天》这首歌。第一次是在成都双流国际机场，我边听着MP4里的这首歌边感动地流泪，为此我写了《幸福也可以泪流满面》。第二次是在收音机里听到的，虽然是第二次听，但仍为之陶醉。像这样触动心灵的歌曲还有很多，如《音乐之声》《弦动我心》，等等。

---

[1] 解读专家：吴虹，沪江网首席教育官，曾任南京市第二十四中学校长，互联网教育人。

当今，素质教育作为培养人的重要标准之一，已得到人们的广泛认可，而音乐在素质教育中有着举足轻重的作用。在思想道德方面，音乐是最富有情感的艺术；在心理素质方面，音乐是改善身心状态的有效途径；在审美素质方面，音乐是提高审美素质的重要内容；在文化素质方面，音乐具有特殊的功能；在创新素质方面，音乐是启迪智慧、激发创造力的重要手段。总之，音乐在素质教育中扮演着重要角色，正是因为有了音乐，我们的教育变得更有色彩，更有魅力。

就拿我写的近千篇教育博文来说，每一篇博文都配有一首音乐，有时候写一篇博文只花二十多分钟，但是为了找到一首意境相符的音乐可能要花一个小时，如果没有找到一首合适的音乐，这篇博文我宁可不发表。一位江苏第二师范学院的一位学生到我们学校实习，我给他的指导老师看了一段由他拍摄的视频《光辉岁月》，他的老师十分感动。的确，当一个年轻老师能把自己的教育故事用音乐、文字和图像表达出来的时候，他已经成熟了。他不再是一个实习教师，已经成为一个优秀的教师，因为他懂得正是音乐扮靓了他的教育人生。

如果我们有了一批懂得教育而且懂得让教育打动人心的教师，这是非常让人感动的事。如果我们感觉到音乐是美的，那么教育也应该是美的，各位老师的教育人生也应该是最美的。

班级如何开展音乐活动

黎鹤龄

音乐活动对学生素质发展与提升有积极的意义。要将音乐活动惠及所有学生，只靠学校组织是不够的，班级要重视起来。目前，许多学校有音乐课，但是在学习生活中没有歌声。这主要是因为学校引导不够，同班主任没有主动考虑也不无关系。

因此，要增强班主任在班级开展音乐活动的主动性和积极性，提高其对音乐教育价值的认识，同时要向班主任介绍一些开展音乐活动的可行方法。

一、提高对音乐教育的认识

1. 看到音乐的育人价值

班主任一般会将自己看作德育工作者，那么，音乐和德育有关系吗？我们先来看一个案例[①]。

那天，我上了一堂特殊的音乐课。以"从小到大和父母顶过嘴的同学请举手"的调查开始，起了很大波动，许多孩子觉得这没有什么好奇怪的，99%的学生举手。我什么也没有说，只是让学生在我的配乐朗诵中体味一位父亲写给孩子的信。动人的音乐和真情的表露，让课堂立即沉寂下来，孩子的眼神开始变得迷惘。在他们还沉浸在深厚的情感中时，我播放了一个孩子用小提琴演奏柴可夫斯基的作品——《D大调小提琴协奏曲》的视频，让学生在音乐中充分感受了一个孩子由叛逆、任性到懂得感恩回报父爱的内心的转变。

学生被这首乐曲震撼了，眼神变得凝重了。紧接着又引出了"父母伟大"的主题，并用韩红《天亮了》的动人旋律和动情的演唱拨动孩子的心弦。学生们哭了，其中包括很多男生，甚至有人哭出声来，那一刻，我的泪水也在眼中翻腾，情不自禁地带着孩子分析了歌词与旋律完美的结合。最后阎维文的一曲《母亲》把整节课的情感推到顶点，那动人的旋律、富有哲理的歌词打开了所有人的心扉，深情的演唱融化了所有人心中的那份不解。时间安排非常到位，歌声落，正好下课，我的一声"今天课就到这里，希望大家回家重新去理解你们的父母"，似乎谁也没有听见，他们坐在那里，很安静。我哭了，但我又说了一遍："下课了，可以走了。"这才有人慢慢起身。可有人说："老师，让我们再坐一会儿。"我没有再言语，最后学生们都是默默地离开教室，直到很远我都没有听到他们说话的声音，还有人留下来帮我默默整理音乐教室……

课后我还知道有个学生一下课就打电话给妈妈，说："谢谢爸爸

[①] 何伟.用音乐育人「J].中国音乐教育，2009（9）：6–7.有改动。

妈妈！"

这个例子表明，德育其实可以在音乐活动中展开，而且正因为德育在音乐活动之中，所以效果非常好。

许多教育家都对音乐教育的育人价值做过阐述，音乐教育家铃木镇一说过："学过音乐的孩子，是最聪慧、最敏感、最善解人意的孩子。比起那些没有接受过音乐教育的孩子来，这样的孩子，更有可能获得幸福美好的人生。"

音乐活动的德育功能有以下几点：一是能唤起爱心；二是能培养集体主义精神；三是培养积极向上、奋发进取的人生观；四是能培养健康的审美观、高尚的道德情操。就其本质而言，体现了人世间真善美的统一。而"音乐教育之所以具有独特的德育功能，是由音乐自身的特点决定的。这是因为音乐教育是一种富有强烈艺术感染力的审美教育，它可以把理性的观念转化为生动、直观的感性形式，使受教育者在愉快、有趣的音乐活动中接受政治思想教育和道德伦理教育。因而音乐教育的德育功能，有其独特的实现方式，这是其他教育方式无法比拟的"[1]。

2. 看到自身组织音乐活动的优势

有的班主任虽然看到音乐活动的价值，但是顾虑自己缺少"音乐细胞"，其实这仅看到自己歌唱技能欠缺，不代表音乐素养不行。音乐素养首先表现在对音乐价值的认识及对音乐的热爱，其次是音乐的知识与技能。对班主任来说，让学生获得音乐的知识与技能是可以借助外力的。班主任的最大优势是组织优势，是对学生和家长的激励和导向优势。有了这些，加上重视音乐，不愁做不好班级的音乐活动。

二、开展班级音乐活动的方法

有经验的班主任积累了一些开展班级音乐活动的方法。比如，利用学校开展艺术节的机会，让学生人人参与。班主任会根据学校的要求，不是让少数人准备，而是让每位同学在班级表演，在此基础上，推荐优

---

① 方文心.试论音乐教育的德育功能［J］.星海音乐学院学报，1998（3）：44.

秀节目面对年级或学校全体同学表演。

开展班级音乐活动要立足平时，经常性地安排音乐活动，并做好以下几点。

一是做好优秀歌曲的筛选和排序。有心的班主任，平时会动员学生推荐歌曲，然后将适合不同年级的优秀歌曲排序，到了不同年级，就向孩子们推荐相应的歌曲。当然，老师的"歌曲资料库"也是会经常更新的。有条件的班级可以创作本班的夕歌，每天放学前学生齐唱，会有潜移默化之效。著名教育家李叔同曾经填词《夕歌》，在很多学校传唱，"光阴似流水，不一会儿课毕放学归；我们仔细想一回，今天功课明白未；老师讲的话可曾有违背；父母望儿归，我们一路莫徘徊；将来治国平天下，全靠吾辈；大家努力呀！同学们明天再会。"天天在这样的音乐中和同学分手，学生能不受熏陶吗？

二是把音乐活动列入班级工作计划。制订班级计划时要安排"本学期学唱哪几首歌"，也可以一学期安排一两次音乐欣赏，使"让音乐陶冶学生"形成制度。

三是让班级的文艺委员有职有权。对本班的音乐活动，一学期做什么，一学年做什么，文艺委员要有策划，有落实。比如，组织一次"好歌"比赛，调动大家学习音乐的主动性、积极性。可以根据班级学生的条件，选择其他音乐样式（器乐、小歌剧、亲子同台等）进行展示。

四是利用家长资源、社会资源。可聘请家长为班级的音乐辅导员，协助班主任开展活动。有的班主任还会从附近的大学聘请大学生做辅导员，请他们定期来班级开展各种适宜的音乐活动。

五是与学科教学结合。许多班主任同时是语文和思想品德教师，这两个学科中的许多内容是可以"唱起来"的。这样一来，音乐活动开展起来了，不仅完成了语文及思想品德学科的教学任务，还会深受学生的喜爱。

用音乐滋养孩子们的生命

朱敏勇[①]

【实践探索】

一个孩子在六周岁走进小学校园，当他第一次怀着兴奋又有点惴惴不安的心情坐在教室里，一定对校园生活充满无限的遐想和期待。然而随着时间的流逝，年级的增长，课业负担越来越重，孩子感到学习生活越来越枯燥，校园生活越来越远离希望中的美好。怎样让诗意和美好重新走进孩子的心田呢？让孩子每天欣赏优美的音乐，给渐趋于枯燥的校园生活增添几分亮色，让他们的生命得到艺术的滋养。

在学校常规管理中，我们发现，一些违反常规的现象屡禁不止。是什么原因造成这种现象的呢？我个人认为是因为艺术教育缺位、学生的精神生活匮乏和功利主义这三个主要原因。

学生的精神生活是如此的单调，引发了一系列的管理问题，那么作为教育者的我们，能做些什么呢？我努力将音乐引进学生的生活，用美妙的音乐滋养孩子们的生命。

1. 音乐能滋养生命的理论依据

音乐教育家陈功雄教授三十多年来一直在倡导"爱和乐"音乐教育。他倡导以"尊敬的爱"培育人类、善待自己，以"美好的音乐"活化右脑、美化人生。他的音乐教育理论给了我很大的启发。美好的音乐，可像"美术"一样简称"美乐"，"美乐"可以使心灵获得宁静，获得精神的愉悦。

不少学者对音乐进行过研究，发现音乐的音调、节奏、旋律、音质的不同，会对人体产生镇静、镇痛、调节情绪等不同功能。人的情绪是复杂的，与大脑皮质、下丘脑、边缘叶都有密切的关系。因此，美妙的音乐能使孩子的心情愉快。这种愉快的情绪，能够有效地改善和调整大

---

① 提供者：朱敏勇，南京外国语学校仙林分校小学部优秀班主任。

脑皮质及边缘叶的生理功能，从而使孩子的神经系统发育得更加完善。这种作用是其他教育所不能比拟的，这也是那些音乐大师的作品流传于世、经久不衰的原因。

当人们欣赏音乐时，不论是大人还是孩子，常常会有一种陶醉感。难怪心理学家常常呼吁，要善用美妙的音乐来调节自己的情绪，陶冶自己的性格。

2. 用音乐滋养孩子们的生命

2003年，我接手了三年级一个班，由于"非典"和刚建校生源不足等原因，学生没有进行过选拔，成绩相差较大。班上的学生有个性，既聪明又很顽皮。任课老师、生活老师常常向我告状诉苦。仅生活老师一年就换了三个。刚开始，我远距离地观察他们，用一种平和的心态看他们；后来，我发现他们并不是我想象的那么"可恶"，我发现他们充满活力、有情有义，有很强的集体荣誉感。为了改变他们，我尝试着把他们带进了音乐的世界。我经常利用课余时间打开音响，播放名曲给他们听。于是一首首古典名曲走进了他们的世界，一段段优美的旋律飞进了他们的心中：莫扎特的《土耳其进行曲》、贝多芬的《小步舞曲》、柴可夫斯基的《如歌的行板》、小约翰·施特劳斯的《蓝色多瑙河》、阿炳的《二泉映月》、巴达捷夫斯卡的《少女的祈祷》……我经常一边轻敲桌面打着拍子，一边绘声绘色地向他们描绘音乐中的画面。渐渐地，他们和我一起陶醉，一起走进了梦幻的音乐世界。

每天学生走进教室，我会播放班德瑞的音乐来欢迎他们，来自瑞士的天籁之声让他们渐渐地安静下来。音乐声中我们开始早读；开始做作业了，我也轻轻播放长笛大师詹姆斯·高威和兰帕尔演奏的古典名曲。不知不觉中，门德尔松的《乘着歌声的翅膀》、舒曼的《梦幻曲》、肖邦的《夜曲》，就像清泉一样飞入了孩子们的心田。我发现，孩子们渐渐地变了，不再像以前那么躁动不安了，男孩子不再撒野了，女孩子也文雅了。他们还把屠洪刚的《精忠报国》定为班歌，还用自己的零用钱买了一张张CD，不断充实着属于我们3班的"音乐小屋"……一天在餐厅遇到李冉老师，他笑眯眯地对我说："我发现你们三（3）班的孩子这个学期长大了许多，懂事多了，学习劲头很足，现在课堂纪律很好。"淡淡的一句话让我欣喜不已，更坚定了我的信心。

我带的三（3）班，孩子们普遍文静瘦弱，纪律虽好可活力不足。我就有意识地播放一些雄壮、阳刚的音乐，像殷承宗的《黄河》、肖邦的《A大调军队波罗乃兹舞曲》、屠洪刚的《精忠报国》。孩子们在音乐声中感到了昂扬的气势，心中也充满了力量。学生爱听流行音乐，我就选择一部分流行音乐配上精美的MTV和Flash。一到课间，孩子们就高喊"开音乐会，开音乐会！"当我播放周杰伦的《青花瓷》《听妈妈的话》、容祖儿的《挥着翅膀的女孩》时，全班学生齐声高唱，共同挥舞着小手，那情景真令人感动！

一天傍晚，我路过教室，听到教室里有音乐声，我推开门，只见我们班最调皮的蒋雨轩坐在CD机旁。我问他："怎么一个人在这里？"他说："他们回宿舍洗澡了，我心里很烦，不想洗，我想一个人听会儿音乐。"我没说什么，轻轻掩上门，让他一人独自在教室里。不一会儿他在美妙的音乐声中平静下来，我在暗处看见他平静地向寝室走去。

这学期，小学部评选"十佳成功小学生"，以前觉得学校生活一点意思也没有的马誉格成功当选。班级推荐她的申报理由是"成功战胜了自己，不再想家了，期中考试总分名列全班第一"。她的爸爸妈妈非常高兴，给我打来电话表示感谢，说孩子回家告诉他们我们班经常听音乐，非常有意思，她在学校很开心。

现在，孩子们总爱将自己喜爱的音乐推荐给大家，用自己的零花钱买来一张张CD，下载了一首首喜爱的乐曲带到班级与同学们共同欣赏，并在"一分钟演讲"中介绍自己听了这首乐曲后的感受，看到孩子们眉飞色舞的样子，我心里真的很开心。

五年来，我带了三个班，我一直将音乐欣赏作为教学工作的重要补充。通过音乐欣赏，孩子们的素养高了，行为文明了，走进我们的教室，桌椅摆放有序，干净整洁。学生觉得生活有意思了，对学校和班级充满热爱。

音乐是洗涤人们一身疲惫的心灵良药，如果能以艺术化的生活为出发点，我们的孩子们也就可以真正拥有一个健康、快乐的童年。苏霍姆林斯基曾经呼吁："尊敬的教育者们，请时刻都不要忘记：有一样东西是任何教学大纲和教科书、任何教学方式都没有做出规定的，这就是儿童的幸福和充实的精神生活。"班主任工作虽说是辛苦的、琐碎的，不过，如果我们能换一种目光看待孩子，换一种方式对待孩子，巧妙地发挥音乐的魅力，滋养孩子们的生命，我想，到那个时候，孩子们的生活一定是充实的、美好的、幸福的，我们的校园一定是孩子们快乐成长的精神乐园。

我的行动计划

围绕着音乐与教育，老师们分享了彼此喜爱的歌曲，讲述了他们的教育经历和感悟。结合您的工作实际，上述讨论中的哪些观点和做法对您有所启发？请不妨给自己列个简单的计划吧！

七日谈 | 一路上挥洒阳光
——体育与教育

情境引入
- 2015年江苏省学生体质健康监测情况发布
- 美国中小学：体育是主课

随园夜话

问题聚焦
- 班级如何开展体育教育？

名师视角
- 班集体建设离不开班级体育

专家解读
- 体质不强，谈何栋梁？

高手支招
- 班级如何有效开展体育活动

实践探索
- 体育运动——班集体建设的活力源泉

[随园小语]

发展体育运动，增强人民体质。

——毛泽东

我们希望把人们培养成生活上强有力的、能耐劳苦的和积极的人。因而我认为体育在学校中应占较大的地位。这不是口中说说而已，而是事实如此。

——加里宁

良好的健康和充沛旺盛的精力，是朝气蓬勃感知世界、焕发乐观精神、产生战胜一切艰难险阻的意志的一个极重要的源泉。而孩子生病、体弱和带有疾患素质，则是众多不幸的祸根。

——苏霍姆林斯基

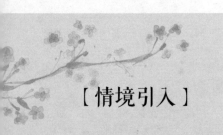

2015 年江苏省学生体质健康监测情况发布 ①

［情境引入］

"体质不强，谈何栋梁？体育不兴，体质难强。"这足以体现体育教育的重要性，虽然全国上下越来越重视体育工作，但我国学生的体质健康水平仍令人担忧，我国体育教育与其他国家仍有不小的差距。

江苏省教育厅发布2015年江苏省学生体质健康监测情况。与2010年相比，江苏省中小学生的身高更高，速度、力量、耐力、柔韧性比五年前更好了。然而，江苏学生的近视率、超重率仍然居高不下。中小学生平均近视率为66%，大学生平均近视率为90.3%。江苏学生超重率为18.1%，与2010年相比上升了1.5%。另外，江苏省中小学生每日的蛋、奶、蔬菜、饮用水摄入量不足。

江苏省教育厅新闻发言人王鲁沛介绍，本次学生体质监测范围覆盖全省13个市，监测对象为80所中小学和8所高校的7—22岁的大、中、小学生，监测项目涵盖身体形态、生理机能、身体素质、健康状况4个方面的26项指标，采集原始数据100余万个。

1. 全省中小学生超六成是"小眼镜"

江苏省学生的近视率、超重率居高不下。在江苏省，中小学生平均近视率为66%，大学生平均近视率为90.3%。

江苏省学生体质健康促进工程项目领衔专家苏立新说，全国中小学生近视率依然在上升，江苏省也在采取措施，但短期内效果并不明显，学生的读写姿势、学习时间都要留意。

"手机功能越强大，孩子视力下降越显著。用手机、电脑等电子产品的时间长了，肯定会影响视力。"江苏省学生体质健康促进工程项目专家潘绍伟建议，家长首先要做榜样，不要做低头族，要改变生活方式。

---

① 金凤.江苏中小学生超六成是"小眼镜"［N］.现代快报，2016-05-07（F2）.

2. "小胖墩"比五年前多了

在监测结果中，2015年江苏省学生超重率为18.1%，比2010年上升了1.5%。另外，初中男生引体向上和高中男生立定跳远的成绩出现小幅下降；大学生除柔韧素质外，其余身体素质指标均有不同程度的下滑。

潘绍伟说，目前全国中小学学生上肢力量普遍下降，"对于江苏来说，学生身高、体重在增加，这在客观上给学生做引体向上带来难度"。

不过，学校和社会心理也在一定程度上让学生强壮不起来。潘绍伟说，目前很多学校为避免学生受伤，拆除了单杠设备。

3. 中小学生个子越来越高了

虽说"小眼镜""小胖墩"增多让人乐不起来，但江苏省学生的身高蹿了不少。与2010年相比，2015年中小学（7—17岁年龄段）男女生平均身高分别增加了2.2厘米和1.7厘米。

大学（18—22岁年龄段）男女生平均体重分别增加了1.3千克和0.4千克，大学女生平均胸围增加了1.0厘米。

此外，多数学段男女学生的平均肺活量、肺活量体重指数、握力均高于2010年的水平。

4. 速度、力量、耐力比五年前更好了

说起速度、力量、耐力、柔韧性，家长们可以松一口气了。与2010年相比，中、小学男女生50米跑平均成绩提高了0.16秒和0.20秒。

小学、初中、高中女生仰卧起坐平均成绩分别增加了1.6个、2.5个和2.3个；中、小学女生坐位体前屈平均成绩上升了1.2厘米；大学男女生坐位体前屈平均成绩分别上升了0.6厘米和2.3厘米。

5. 八成多中小学生每天喝水不超过6杯

"调查样本中，江苏83.17%的小学生、86.59%的中学生饮水量不足。"新闻发布会现场同时公布了《江苏省中小学生膳食营养调研报告》。26.56%的小学生每天饮水2杯以下，56.61%的小学生每天饮水3—6杯。27.25%的中学生每天饮水2杯以下，59.34%的中学生每天饮水3—6杯。男生饮水量高于女生，城市高于乡村；苏南和苏北高于苏中。

　　教育部高校体育教学指导委员会专家张蕴琨透露，根据《江苏省学生营养配餐指南》，小学生每天的饮水量应该在1200毫升（6杯）以上，中学生则应该在1600毫升（8杯）以上。

　　6.超六成学生不会每天吃鸡蛋

　　摄入不足的不只是饮用水，江苏省学生每天食用的蛋奶量也不多。调研报告显示，在近三天每日平均食用蛋类的比例这一项，小学生为39.76%，中学生为37.28%，情况很差。

　　此外，超四成学生每天食用的蔬菜种类不超过3种。调查显示，小学生近三天每天食用蔬菜种类达3种以上的比例为53.49%，中学生为49.01%，城乡间没有显著差异。

美国中小学：体育是主课 [①]

　　运动本是青少年喜爱的活动，但在不少中小学，孩子不喜欢体育课，体育中考也被人视为"负担"。国外中小学如何上体育课？上海市20名赴美研修的中小学体育学科带头人进行了交流，他们共同的感受是：不妨借鉴"快乐体育"理念和模式，扭转孩子们"被动锻炼"的问题。

　　中国不少孩子，特别是女孩，上体育课愁眉苦脸，但在美国中小学体育课堂上，多数孩子乐在其中。上海市虹口区教师进修学院李永莉老师在纽约州的富兰克林小学、女子私立高中等3所中小学共听了34节课，发现中国体育课内容比较死板，多注重技能训练，而美国的体育课则鼓励学生自主运动、享受运动乐趣，这是比较明显的差异。"美国的女孩可以选择不上游泳课，而是和男孩们一起打篮球；也可以选择不打篮球，而去健身房进行体能训练。"一位比较胖的女孩不喜欢跑步而选择游泳，但在池边撑了好几次都爬不上岸，老师也不拉她，让她自己游到楼梯处走上岸。女孩爬上岸后冲老师调皮一笑，让李永莉印象深刻："学生各取所需，因此体育课上都很阳光。"

---

① 李爱铭.美国中小学：体育是主课［N］.解放日报，2013-03-09（6）.

孩子享受运动的快乐，源于美国十分普及的体育文化。上海市黄浦区光明中学李文耀老师亲身感受到了美国竞技运动文化的冲击：无论篮球、棒球、游泳……各项目从小学到社区俱乐部，再到轰轰烈烈的高中、大学联赛，运动几乎是每位美国学生生活的重要组成部分。很多家庭把孩子参加体育比赛看作盛大节日，家长会开车一起去观看。与国内重文化轻体育的氛围不同，美国无处不在的运动氛围，让多数家长和孩子拥有至少一项运动技能，家长全力支持孩子参加各类体育比赛。"很多家长把体育课看得比文化课还重要。"李老师说。

跳马、单杠、打篮球……不少带有风险或者需要身体对抗的体育项目，往往会导致意外伤害。为规避风险，国内不少学校会减少学生活动量。国外如何处理？"美国首先有保险保障，社会保险之外，政府还有专项资金，帮学校解除后顾之忧。"参加研修的上海老师在美国7周内，多数听过几十堂课，这些学校未发生过一起学生碰撞和摔伤事故。"这与他们充分锻炼有关。"上海市黄浦区教育学院施峻峰老师介绍，美国中小学校在运动和比赛中，突出强调规则与诚信，提高学生的自我保护能力。纽约州通过严密的科研保障，提高体育教师和教练对意外伤害的处置和急救能力，提高学生运动的安全系数。

我的故事

在您的班集体中，是否也发现了与报告中类似的情况？不妨与身边的伙伴分享一下或者用笔写下来。

【随园夜话】

体育教育一直以来备受人们的关注，各界人士都将学校体育看作一项事业。然而，在对学校体育教育重视的同时，我们也看到了其中的种种困惑。下面结合案例谈一谈我们的感想。

困 惑 一

学校体育的目标为何难实现？

观点一：功利思想作祟。

社会上有着太多急功近利的现象，在教育中这种现象也依旧存在。学生考得好就是好学生，各种荣誉自然蜂拥而至，让家长、老师喜上眉梢；学生考得不好就是差学生，各种指责让学生倍感压力，让家长、老师颜面扫地。很多家长始终认为，只要孩子把学习搞好就万事大吉，而对孩子的其他需求视若无睹。唯分数论、唯结果论，正是我们教育中急功近利的表现。正如156—158页案例所反映的，现在的学生身体状况在下降。且问，学生的成绩再优秀，如果身体垮了，上几层楼就气喘吁吁，搬一个稍重点的物品就无能为力，那还谈什么可持续发展呢？更有学校竟然担心学生在运动中受伤而取消体育课，取消冬季长跑比赛。

观点二：体育教育观念的差异。

中国和美国的体育教学模式存在差异。美国是以动作教育为主传授运动技能的；中国则是一种多样化的局面，比较典型的是以运动技能传授为主、身体锻炼为辅的体育教学模式。美国的体育教学注重学生自己的探索，发展学生的一切潜能是美国体育教学的指导思想。学习的内容、进度的安排要求学生自己选择，学习的效果要求学生自己评价，因此，学生的自主性得到了极大程度的发挥。教师在整个过程中起到教育、引导、辅助的作用，更多的是帮助和鼓励学生学习。

我们强调的是按照运动技能形成的规律和运动负荷的规律来指导教学，在此基础上，强调教师主导。教学内容的选择、教学进度的制定，由教师来完成；教学的过程也是统一的，按部就班地进行学和练，整个教学的过程掌控在教师的手中。

困 惑 二

学校体育有什么独特的价值？

观点一：体育是强化体能、提升身体素质的根本途径。

青少年的身体素质直接关系国家的前途和民族的未来，关系个人的健康成长和一生的幸福。在教师的指导下，学生通过一定量的身体活动和对运动技术的合理运用来提高自己的身体活动能力，进而促进身体功能的健康发展和免疫能力的提高。

观点二：体育是促进智力发展、提高学习效率的有效手段。

大脑是人体中管思考、管记忆的机器，是人体的"大管家"。学生经常进行有益的体育运动能促进大脑的发展，增加大脑皮质的厚度，增强大脑中枢神经系统的功能，使学生的体力和智力处于最佳状态而和谐发展。这样可以更好地促进智力发展，提高学习效率。

观点三：体育是增强意志、培养优良品质的重要方法。

体育锻炼是一个与疲劳做斗争的过程，是一个与竞争对手进行体力与智力争斗的过程。很多时候，这个竞争对手就是自己，体育锻炼的过程也是一个战胜自己的过程，同时体育锻炼需要投入相应的成本（不论是时间还是金钱），一个人如果没有良好的意志品质，是很难坚持到底的。

观点四：体育是落实思想道德建设的重要途径。

体育是学校素质教育不可缺少的重要组成部分，既为提高学生的身体素质服务，又承担着学生思想道德建设的重要责任。体育常规中的文明礼貌、组织纪律、思想作风是思想教育；体育教学中的令行禁止、协调统一是思想教育；体育运动中的安全保护、规则遵守仍然是思想教育，体育运动是开展思想教育的重要途径。

观点五：体育是促进学生交往、升华个人魅力的主要渠道。

体育教学的目标之一是"在体育活动中尊重他人"，绝大多数体育运动都是需要与他人一起进行的，无论是作为对抗的对手，还是合作的伙伴，都需要与他人发生"交往互动"。在体育活动中，学生的合作精神、角色意识会在实践中得到有益的锻炼。通过体育运动，若能很好地展现合作精神和角色意识，学生的人格魅力会得到极大的提升。

困 惑 三

如何在学校中开展体育教育？

观点一：开展体育课堂教学。

体育课是学校体育的基本组织形式。班主任可以引导学生积极地投入到体育的课堂学习中，鼓励学生在体育课上多练，向同伴学习，向老师请教。

观点二：多种形式相结合开展班级体育活动。

国家"阳光体育运动"的实行，要求学校利用每天大课间的固定时间，带领学生开展丰富多彩的阳光运动。这样，学校就有了一个给予学生活动的时间和空间，班主任可以充分利用这个时间带领学生开展体育活动。比如，江苏省南京市游府西街小学以排球为特色开展体育活动，推进阳光体育；南京晓庄学院附属小学则以篮球运动为特色，带领孩子强身健体。学生在运动中舒活着筋骨，愉悦着身心。学生在尽情活动中与大自然亲密接触，在大自然中呼吸着新鲜的空气，其心情和思绪在一定程度上得到了释放，有利于他们全身心地投入到后续学习中来。

再如，定期开展校园阳光体育竞赛（班级篮球赛、跳绳比赛等），班主任可以发挥学生的特长，让有运动才能的学生积极展示，让其他学生呐喊加油，这样不仅学生能体验到运动的激情，还能加强班集体的凝聚力；利用班会、郊游等班级集会的机会，班主任可以开展体育游戏竞赛，让学生在放松心情的同时陶冶体育文化的情操。

我的观点

上述讨论到的困惑，在您的工作中是否也出现过？您还有补充或不同的观点吗？

〔问题聚焦〕

班级如何开展体育教育?

通过以上的讨论和分析,我们发现,作为班主任,大家都在关注以下问题:如何在班级教学中实施体育教育?如何培养学生科学运动的思想?

_____

_____

_____

_____

_____

_____

_____

_____

_____

_____

_____

_____

名师视角

班集体建设离不开班级体育

曹晨①

我们经常有这样的体会:每一次体育运动会后,孩子们的精神状态变好了,班集体的面貌也变好了。这就是体育活动在班集体建设中起到的不可替代的作用。它可以增强学生体质,改善班级的人际关系,增强班级的凝聚力,有效地推进班集体建设。

一、体育活动促进班集体建设

1. 班集体建设在体育活动内容中的体现

可利用体育教学内容开展班集体建设。例如,"迎面接力跑"可培养学生勇敢顽强、协调统一和团结友爱的集体主义精神,以及机智灵敏的应变能力;体操、武术等项目,有利于培养学生勇敢、沉着、机智、果断的品质和自控能力。"通过敌人封锁线""炸碉堡"等游戏是对学生的爱国主义教育。在体育活动的过程中,有些内容会不时地对参加者提出严峻的考验。如长跑时出现"极点",是坚持下去还是半途而废;在比赛中对方侵人犯规时,是毫不计较还是"以牙还牙";集体配合不够默契,比赛失利时,是相互鼓励还是相互抱怨;裁判误判时,是宽容大度还是"斤斤计较";比赛

_____

① 提供者:曹晨,南京市第十三中学体育教师,江苏省教学能手,南京市优秀青年教师,南京市玄武区优秀教育工作者。

节节胜利时，是谦虚谨慎还是骄傲自大。在班集体开展体育活动的过程中，用"活动内容"的本身实现对班集体中学生的道德个性培养，是一个行之有效的途径。

2. 班集体建设在体育活动组织形式中的体现

体育活动一般都在体育场馆内进行，活动形式多种多样，活动内容也比较广泛，如果没有一定的规范限制就难以开展。因此，对体育活动的整队集合，人数的清点，队列、队形的合理调动、变换，活动场地的布置和收拾以及活动过程中同学间的相互保护与帮助等都有具体的要求，这些在组织的过程中都蕴含着生动的教育因素。显然，这些形式都有助于培养学生协同一致、遵守纪律、吃苦耐劳等优良品质，对培养学生遵守社会生活的各种准则起到很好的导向作用，从而加强班集体的组织性和纪律性，潜移默化地使学生养成遵纪守法的品德。

3. 班集体建设在体育竞赛活动中的体现

体育活动经常是以竞赛和评比的方式出现的，竞赛能够激励青少年力争上游，养成奋勇拼搏的竞争精神；评比能使学生意识到个人的努力程度将影响集体荣誉，而集体荣誉也会给其带来影响，使学生会自觉协调好个人与集体的关系，有助于培养他们的责任感、义务感和集体荣誉感。竞赛或评比的优胜成绩能给学生带来精神上的满足，使他们饱尝胜利果实的喜悦和对未来充满希望；同时，失败能使学生养成战胜困难、不甘失败、不怕挫折的心理素质。

4. 班集体建设在体育活动过程中的体现

在体育活动的过程中，难免会出现些不文明、不礼貌的现象。班主任应把握契机，及时对学生加以引导教育，达到育人的目的。比如，在广播操评比中，某个学生做错了动作，部分学生起哄嘲笑他。班主任抓住这一契机，向学生讲述同学之间有错时应当互相指导帮助，而不是冷嘲热讽，从而培养学生团结互助、真诚待人的良好品质；又如，在使用软式排球时，某个学生把球抠坏、把球踩扁，班主任马上对其进行提醒，这也是珍惜体育器材、爱护公物教育。

二、加强班集体体育文化建设

班主任可以从以下几个方面入手，长期而持久地努力开展班集体的体育文化建设。

1. 在学校大课间中加强队列、队形和广播操、跑操训练，培养集体主义精神

队列队形和广播操、跑操不仅是对学生身体姿势和空间知觉能力的基本训练，同时也是严格的集体活动。它要求学生在共同的口令下完成协调的动作，从而培养严格的组织纪律性和集体主义精神，发展反应迅速、动作准确和协调一致的应变能力。在课堂教学的常规部分和准备部分，可以适时进行队列、队形练习，也可在徒手操的练习中引入广播体操练习；认真组织每天的早操和跑操，每周对早操和跑操的情况进行一次总结。

2. 积极开展班集体的体育游戏竞赛，培养团队合作精神

在游戏中，学生通过模仿各种社会角色，学会处理人际关系，遵守社会规范，适应社会生活。特别是在一些集体游戏中，学生需要互相帮助、互相配合，共同完成一些规定性的动作。这对帮助学生养成集体生活的习惯、培养集体主义精神有显著的作用。游戏的规则具有重要的教育意义。规则把活动者组织起来，要求他们遵守纪律，并履行一定的职责，这样可以培养学生对自己行为的责任感。再者，游戏是由许多实际活动组成的，学生通过体育游戏能学会在日常生活中和劳动中所需要的走、跑、跳、投、攀登、爬越、搬运等活动技能，提高他们的活动能力和生活能力。

3. 让体育运动会成为班集体体育文化交流的盛会

作为学校教育工作的组成部分，体育运动会在学校的德育中发挥着巨大的作用。新课标的实施，要求我们牢固树立"健康第一"的指导思想，贯彻落实新课标的思想，充分体现以人为本的教育理念，倡导人人参与，使班集体中的每一名成员都感受到体育盛会的快乐。

入场式上要激励学生展示出班集体的精神面貌，介绍词中要展现班集体的体育热情；在竞赛项目上要尊重自愿和按能力分配，尽可能地让

更多的学生参与到比赛中去；组织学生制作旗帜和班集体标语，组织啦啦队和帮扶小组，为参与比赛的同学加油和服务；组织学生撰写比赛新闻稿和感言，进一步扩大班集体的影响力。

4.结合重大体育事件，抓住教育契机开展主题教育

奥林匹克精神是世界上为不同国度、不同种族、不同语言、不同宗教信仰的人所共同接受的一种精神，其内涵极为丰富。《奥林匹克宪章》指出，奥林匹克精神就是"相互了解、友谊、团结和公平竞争"。通常它包括参与原则、竞争原则、公正原则、友谊原则和奋斗原则。奥林匹克的思想体系蕴含丰富的教育思想，这些思想是现代人适应现代社会所必需的精神食粮。

可见，班集体建设离不开班级体育，班级体育可以更好地促进班集体建设。一个优秀的班主任一定会在班级体育中发现教育契机，发挥班级体育的特殊作用。

三、班主任应在体育活动中发挥表率作用

在体育活动中，班主任也可以做一系列的示范动作，并和学生一起参与活动，用自己的行为直接影响学生、引导学生。班主任可以在技能上成为学生的表率（对于运动能力好的班主任而言），更重要的是在思想品德上成为学生的表率。这就要求班主任的一言一行、一举一动都要注意，努力做到仪表整洁、语言文明、品行端正。在体育活动中要不怕苦、不怕脏、不怕累，在学生心目中树立良好的形象，从而使学生在不知不觉中服从教师的领导、指挥，逐步培养遵守纪律、尊敬师长的好品质。比如，在集体跳长绳的活动中，除了使学生能正确地掌握过绳的方法之外，班主任还要强调正确的跑动线路和进绳时机，鼓励学生大胆向前、不怕失误、不相互埋怨。班主任应积极挖掘、利用体育中的教育资源，培养学生健康、阳光的优良品质。

体质不强，谈何栋梁？

罗京宁[1]

学生身体健康的重要性不言而喻！苏霍姆林斯基在《帕夫雷什中学》一书中这样论述道："良好的健康和充沛旺盛的精力，是朝气蓬勃感知世界、焕发乐观精神、产生战胜一切艰难险阻的意志的一个极重要的源泉。而孩子生病、体弱和带有疾患素质，则是众多不幸的祸根。"[2]

那么，班主任如何做好学生体质健康的促进工作呢？

一、从国家战略的高度，认识学生体质健康的重要性

1. 促进学生体质健康是班主任的使命

众所周知，我国青少年学生体质状况连续多年呈现下降态势，虽有部分指标止跌，但情形仍十分严峻。

"体质不强，谈何栋梁？"教育部原部长袁贵仁将学生体质健康提高到国家战略的高度。广大青少年身心健康、体魄强健、意志坚强、充满活力，是一个民族生命力旺盛的体现，是社会文明进步的标志，是体现国家综合实力的重要方面。

中共中央办公厅和国务院办公厅印发的《关于全面加强和改进新时代学校体育工作的意见》明确指出："学校体育是实现立德树人根本任务、提升学生综合素质的基础性工程，是加快推进教育现代化、建设教育强国和体育强国的重要工作，对于弘扬社会主义核心价值观，培养学生爱国主义、集体主义、社会主义精神和奋发向上、顽强拼搏的意志品质，实现以体育智、以体育心具有独特功能。""坚持健康第一的教育理念，推动青少年文化学习和体育锻炼协调发展，帮助学生在体育锻炼

---

[1] 解读专家：罗京宁，南京市秦淮区教师发展中心教研员，南京市儿童发展与道德研究中心组成员，江苏省班主任专业委员会理事，南京师范大学班主任研究中心兼职研究员，全国班主任与师德专业委员会副主任。

[2] 苏霍姆林斯基. 帕夫雷什中学［M］. 北京：教育科学出版社，1983：160.

中享受乐趣、增强体质、健全人格、锤炼意志，培养德智体美劳全面发展的社会主义建设者和接班人。

班主任是学生健康成长的引领者，所以要从国家战略的高度，认识学生体质健康的重要性。

2. 促进学生体质健康是班主任的职责

《中小学班主任工作规定》指出：班主任要努力成为中小学生的人生导师，要促进学生德智体美全面发展，要组织开展班集体的各种文体娱乐等形式多样的班级活动。

体育教师是学生体质健康的主要责任人，班主任是促进者，负有相应的职责。因为班主任是学生的人生导师，班主任要带领学生积极锻炼，要引领学生培养终身体育锻炼的意识和习惯。

二、贯彻学生全面发展的要求，促进学生增强体质健康

1. 班主任积极参加体育锻炼，发挥导向、教化和激励作用

（1）积极发挥导向作用

班主任要热爱运动，愿意与学生一起参加学校各类体育活动，例如每天和学生一起做操、一起跑操，参与阳光体育活动。班主任对体育的热爱、支持、参与和重视程度，是调动学生积极参加体育活动的重要因素。

（2）积极发挥教化作用

我们经常发现，热爱运动或者有运动专长的班主任，会受到学生的喜爱，特别是受到男生的爱戴。学生更愿意与这样的班主任交朋友，也更愿意接受班主任的教诲。

班主任积极参与学生课外体育活动，可以与学生增进沟通和理解，还可以减少伤害事故的发生；同时，这也是加强班级管理、建立良好师生关系、促进师生之间沟通的有效途径。

（3）积极发挥激励作用

在参与学生体育活动中，班主任可以有更多的机会"零距离"地接触学生、观察学生。一方面，能有机会多表扬体育运动好但文化成绩落后的学生，并引导他们将体育运动优势逐步迁移到文化学习上来；另一方面，可以发现学生自身的不足，激励他们不断完善自我。

2. 班主任通过体育锻炼的途径，促进学生全面发展

体育是学校教育的重要组成部分，它能促进学生全面发展。体育能促进智力发展，是提高学习效率的有效手段。体育能增强意志力，提高对抗挫折的能力，是培养学生优良品质的重要方法。体育能促进道德成长，帮助学生学会文明礼貌，懂得遵守组织纪律，树立规则意识，培养安全保护的意识和能力。体育能提高交往能力，帮助学生学会团结合作，学会尊重宽容。这些都将促进学生的全面发展。

3. 积极支持体育特长生，铺设成才之路

"条条大路通罗马"，成才的道路有很多，适合的才是最好的。班主任要支持体育特长生积极参加训练，同时还应在生活、学习方面给体育特长生更多的关心和爱护，使其消除思想顾虑，安心训练，鼓励体育特长生走自己的成才之路。

4. 经常联系体育教师，争取支持，获得共赢

班主任要积极地支持体育教师的工作，班级的体育课和课外活动才能有更好的锻炼效果，才会更好地促进学生体质健康。

班主任要和体育教师团结协作，体育教师会乐于帮助班主任做好班内体育活动和竞赛的组织工作、裁判工作，能让班级体育活动更加丰富多彩。

班主任经常联系体育教师，能及时了解学生的体质状况，以便向家长迅速反馈学生的体质状况，更好地履行班主任的工作职责。

5. 班主任是家庭体育锻炼的纽带

班主任是班级学生的领导者、教育者和组织者，是联系学校和家庭之间的纽带。班主任应向家长及时反馈学生体质状况，提醒家长要督促孩子在家积极锻炼，这样有利于学校和家庭形成合力，促进学生体质健康。

三、创建优秀班集体，积极开展体育活动是有效途径

1. 班主任积极带领班级参与学校体育活动

（1）抓好每日课外体育活动

每天的大课间活动、体育锻炼是常规体育活动，班主任要从基础抓起，不能有丝毫松懈。每日课外体育活动是班级全体学生参与的活动，

也是进行良好班风、集体主义荣誉感教育的最佳时机。在全校集体活动中，学生既锻炼了身体，劳逸结合，放松了心情，又展示了班级风貌，锤炼了班级精神，树立了班级形象。

（2）抓住体育比赛的契机

班主任要认真对待学校组织的体育赛事，根据班级情况拟订切实有效的参赛计划，并借此对学生进行集体主义教育，充分调动学生的主动性，树立荣誉意识。班主任要主动参与策划、组织和实施，赛前认真动员，赛中现场指挥，赛后及时总结，多表扬、鼓励。通过参加学校体育赛事，学生可以在比赛中体验成功，在体育活动中增强社会适应性，促进心理健康的发展，进而增强班集体的凝聚力，使班级变成一个积极向上的班集体。

2.班主任要积极组织班级体育活动

（1）开展班级体育活动是班级工作的重要组成部分

班主任要将班级体育活动排入班级工作计划，定期开展丰富多彩的班级体育活动，营造崇尚运动、健康的班级氛围。可以结合学校要求，或者配合体育教学，有针对性地选择项目，与体育教师联手，开展班级小型竞赛或者亲子体育比赛，调动学生锻炼身体的积极性。

（2）丰富班级体育活动的内涵

班主任要积极挖掘班级体育活动的内涵，将促进学生品德、心理健康发展的体验式活动、素质拓展活动纳入班级体育活动的范畴。例如，用小组合作的竞赛方式开展"合作跑""穿越封锁线""过河搭桥"等活动，在增强体质的活动中，提高学生的心理素质，促进学生的道德成长。

总之，班主任是学生体质健康的促进者，其影响力是无法替代的。班主任应明确自己的职责，支持学生积极参加体育锻炼，促进学生的身体健康与心理健康，促进学生全面发展，引领班级向优秀班集体迈进。

班级如何有效开展体育活动①

我长期担任班主任，深深地认识到体育在学生的全面成长中起到不可低估的作用。因此，在日常的班级管理中，我一直重视并积极组织开展班级的各项体育活动，使所带班级在学校运动会上多次获得年级团体总分第一名的优异成绩，中考体育达标测试中，学生体育成绩优秀率总体亦优于其他班级。在教学实践中，主要做了以下几个方面的工作。

1. 认真抓好平时的长跑训练

学生从入学的第一天开始，无论男女，一律参加800米长跑锻炼（身体确实不适的可请假不参加），不求速度，只要求能跑完全程，中途一律不能走。此项锻炼为期两周，重在适应。

第三周开始，男女分组，男生1000米，女生800米。要求跑完全程，不求速度，但无论男女生，最后一圈必须全力冲刺。此项锻炼为期两周，重在调节和测试学生的冲刺能力。

第五周开始，男女生分别分出快、慢两组参加锻炼，男生1000米，女生800米。

长跑是所有运动项目的基础，在所有学生都能跑完全程的情况下，从第二个月开始，坚持做到在每月最后一周的周五请体育教师负责对学生进行测试，所得成绩作为下个月成绩考核的基础，并给予相应的奖惩。

2. 积极开展班级各项体育活动

针对男女生开展不同类别和项目的体育活动。在认真做好广播体操和眼保健操的同时，组织学生开展跳绳、跳皮筋、踢毽子、摸高、立定跳远等常规项目的训练，并成立班级篮球、羽毛球、乒乓球等兴趣小

---

① 老美的家.班级如何有效开展体育活动的探索与实践［EB/OL］.（2012-08-06）［2014-04-05］.http://blog.sina.com.cn/s/blog_9627639001017k0x.html. 略有改动。

组，请体育教师加强专业指导，使每名学生都有自己感兴趣的项目。在积极动员学生参加跑步和跳、投等田径项目的同时，还应积极动员学生参加"大脚板""牧童骑牛"和"推小车""拾贝"等趣味项目的比赛。成立班级足球队，分主、客两队，统一购置队服，不定期和其他班级开展比赛。最大范围地组织学生参加活动，变被动锻炼为主动参与，减少学生因一味跑步所产生的倦怠情绪，提高学生的锻炼效果。

3. 做好由学校向家庭延伸的工作

体育锻炼是关系学生一生幸福的大事，不能仅限于校内进行，家庭也是进行体育锻炼的重要场所，务求体育锻炼日常化。可召开家长会，布置家校协作的任务，鼓励家长指导及督促学生在家锻炼。家长应因地制宜地在家安排学生开展俯卧撑、踢毽子、跳绳、仰卧起坐、打羽毛球等项目，加强督促和指导，及时和班级沟通。提倡家长带头做到多走路，少坐车，多骑车，少开车，利用闲暇时间开展亲子登山或旅游活动，给予学生参加日常家务劳动的机会和时间，培养学生终生锻炼的习惯。

体育运动——班集体建设的活力源泉
吴丹丹①

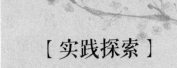

【实践探索】

一次毕业学生的聚会上，在与学生不经意的交流中，我惊奇地发现：学生对我这个班主任兼语文老师印象最深的事既不是我精心设计的语文课，也不是我一手漂亮的粉笔字，更不是我带他们策划排练的"六一"节目，而是带他们一起玩，特别是一起运动的场景。我不由对"体育运动给班集体建设带来的影响"进行了理性的思考……

体育，一般人都会认为这是体育教师的分内事。更有甚者，认为不

---

① 提供者：吴丹丹，南京外国语学校仙林分校小学部副主任，分管教科研，担任多年班主任，南京市语文学科带头人。

就是"一根绳子两个球"的事吗？但我认为，巧用体育运动，对班集体建设的影响可谓"于无声处听惊雷"，往往会带来许多意想不到的好处。

一、好处之一：增强体质——构筑活力的生命之基

教育部公布2018年全国学生体质达标测试合格率为91.91%，优良率为30.57%。2016—2018年，全国学生体质健康状况总体呈现"逐步提升"趋势。学生体质健康标准抽测复核结果也显示，青少年健康水平继续提高，肺活量指标稳步上升，力量和耐力素质指标稳中向好。不及格率由12.0%下降至11.3%；良好率由21.9%上升至24.1%，上升了2.2个百分点；优秀率由4.6%上升至6.2%。小学和初中学生达标良好率和优秀率呈逐年增加趋势。增强体质、提高运动技能、塑造健全人格等综合效益明显提升。但仍因中小学生手机使用时间过长，学习占据大量时间，学生的视力情况堪忧，世界卫生组织2018年公布的研究报告显示，中国近视人数达6亿，青少年近视率高居世界第一位。

我们常常说"教育要一切为了孩子，为了孩子的一切；办有良心的教育"，但如果对学生成长发展的根本——身体——都不能足够重视的话，这些话就都成了空话。江苏省锡山高级中学是一所百年名校，在百年前创办初始，便制定了"十大训育标准"，其中第一标准就是"锻炼健康强壮之体魄"。学校非常重视体育教育，连续几年学生身体素质测评都是江苏省第一。我有一次有幸聆听了该校唐江澎校长的讲座。他对体育教育有这样的解读：一大早五六点钟起来围着操场整齐划一地跑步，甚至有些学校连去吃饭都要整齐地跑步前进，这不是体育，这是摧残人性。一个学校搞几个球队，在市区打胜了几场比赛，有了些名气，就算是体育名校了？不是。体育是要学生人人喜爱运动，人人参与运动，人人从中受益，这才是体育的真谛！听到这里，我真的是心有戚戚焉。的确，通过体育来爱学习，通过体育来爱生活，这才是我们要追寻的体育教育。

同样，一个真正为学生发展考虑的班主任也一定会重视体育。无论是课间活动，还是体育课，或是学校的各类体育活动，都可以成为促进学生积极锻炼进而提升学生体质的好机会。

　　我所在的学校每年都有运动会、冬季长跑等活动，我对这些活动特别重视。我每次都参加冬季长跑，和孩子们一起跑步，鼓励所有的孩子跑完全程。在体育运动会上，我不仅组织报名，还组织孩子们进行有针对性的训练，引导作为观众的孩子形成一股股"人浪"来为运动员加油。通过以上的方式，我所带班级孩子的体质至少在年级里是最好的。

二、好处之二：影响学生的生活观——构筑活力的精神之根

　　在许多学生看来，体育活动是他们学习生活中必不可少的组成部分，运动不但促进了他们在学业上的发展，而且让他们拥有了充满活力、充满朝气的个体，运动成为他们提升学习质量、充实学习生活的润滑剂和添加剂。有这样一个场景深深地印在我的脑海中：班上有一个男孩子疯狂地爱上了篮球，他和我说："我原来想和爸爸一样从事金融行业，但现在又想去打NBA（美国男子职业篮球联赛），怎么办呢？"我就对他说："不矛盾啊，林书豪就是哈佛大学经济学学士，你瞧他篮球打得多好；NBA球星邓肯还是维克森林大学的心理学硕士呢，所以他打球从容自若，不乱方寸，号称'石佛'。"孩子眼中直冒光，我在他心中至少种下了一个种子，事业和爱好可以两不误。体育，此时就成了他生命活力的精神之根，成为他在追求学业之外的另一份美好的追求。

三、好处之三：提升凝聚力——构筑活力的动力之源

　　体育，不仅能改变学生的体质和生活态度，还能极大地调动学生的积极性。刚接手这个班时，我发现班上的孩子非常散漫，缺乏凝聚力。为了尽快形成班级的整体风貌，我就选择了"运动"这个切入点，因为课外活动是孩子天天要做的事，而且是非常乐于去做的事。在运动场上，他们不会有防备，不会觉得老师又是来教育我的。我所在的南京外国语学校仙林分校也非常开明，每天鼓励老师用30—40分钟上班时间锻炼身体。我就有意识地把提升班级凝聚力的教育选在了学生的体育课时间。因为我在大学期间是学院女篮队的队长，学生在上体育课的时候，我就一个人在那儿投球、上篮，再玩两个花式运球。我能感觉到他们都在远远地盯着看，眼神中充满了惊讶和羡慕。一来二去，学生

忍不住了，几个胆大的女孩子跑过来让我教她们打球。渐渐地，来参与的学生越来越多，每到体育课，她们就会问我，老师你今天有没有时间来和我们一起打球呀？到了第二学期，我自己就开设了一门女子篮球的选修课，班级的女生踊跃报名。我开这个选修课是有目的的，女生一开始打篮球，都是乱打，既没有技术，也没有规则。大家知道，没有规则的游戏是玩不长久的，所以通过选修课，我一节课教一个技术、教一个规则，渐渐地，女孩子们打得越来越有样了，而且每周的几节体育课就是她们练习并展示的舞台。正如苏霍姆林斯基所言：当教师将自己的教育意图隐藏起来的时候，教育往往会起到意想不到的效果。一段时间之后，体育老师就开始表扬我们班的体育课好上，为什么呢？学生喜欢打球呀，只要体育老师说，你们前面的内容好好上，我给你们多几分钟打篮球，学生就会按照老师的要求，又快又好地完成体育课的教学任务。经过我和体育老师的反复渲染，学生就自然而然地认为：我们班是全年级体育课上得最好的班级。集体荣誉感就这样不知不觉地产生了。接着，其他综合学科的课堂都产生了连锁反应，有了很大的起色。众所周知，看一个班级的班风好不好，综合学科的课堂状态是一个很重要的衡量标准。

每到活动课，班上的男生女生簇拥着我一起冲到篮球场。班上的学生常常会说：篮球场都被我们班包了！孩子们的话语中透露出的是一种发自内心的自豪，而有着这样自豪感的孩子，也一定有着浓浓的集体归属感，班级的凝聚力就在体育活动中进一步加深了。

篮球锻炼了学生的体格，也成就了他们各方面的运动能力，五年级我接班的第一年还显现不出来，到了六年级，所有的体育赛事无人能出其右，从校级运动会12枚金牌遥遥领先，最终拿到了全校第一，再到短绳双飞、长绳比赛第一，长跑比赛第一，毽子比赛第一。在这些体育赛事的不断获奖中，在一次次的惊喜和欢呼中，班级的凝聚力得到空前加强。班集体的常规、学习、成绩等各方面的进步和发展，在凝聚班级力量之后，显得水到渠成。

　　体育在班集体建设中越来越显现其独特的价值。当学生的"生命之基""精神之根"和"动力之源"都在丰富多彩的体育活动中得到体现时，教育才能回归其本源。

我的行动计划

　　围绕班级开展体育教育，大家彼此分享了很多故事和观点。结合您的工作实际，上述讨论中的哪些观点和做法对您有所启发？请给自己简单列个计划吧！

八日谈 | 孩子智慧长在手指上
——绘画与教育

情境引入
- 几米的漫画

随园夜话

问题聚焦
- 如何发挥绘画在教育中的作用?

名师视角
- 浅谈美术的功能及对中小学生的影响

专家解读
- 绘画——陶冶心灵、完善人格的教育

高手支招
- 绘画在班级教育中的运用

实践探索
- 因势利导

[随园小语]

美到处都是，对于我们的眼睛，不是缺乏美，而是缺乏美的发现。

——罗 丹

绘画不是供欣赏，而是要和它一起生活的。

——雷诺阿

我们所经历的最美好的事情是神秘，它是所有真正的艺术和科学的源泉。

——爱因斯坦

几米的漫画

【情境引入】

教育不只是文字的世界，若其中穿插了图片，它会如同点燃的烟花一样爆发出惊人的能量，令人产生美好的感觉……

大人喜欢嘲笑别人的孩子是温室里的花朵，却又努力培养他们自己的孩子成为温室里的花朵。①

我们五个人伸长了手臂才将树抱住。

树后的两个人更聪明、更可爱，可惜你们看不见。

我还听到他们在说笑话，可惜你们听不见。

太多躲在世界背后的人，我们都看不见，听不见。②

---

① 几米.我不是完美小孩［M］.北京：海豚出版社，2011.
② 几米.照相本子［M］.北京：中国大地出版社，2018.

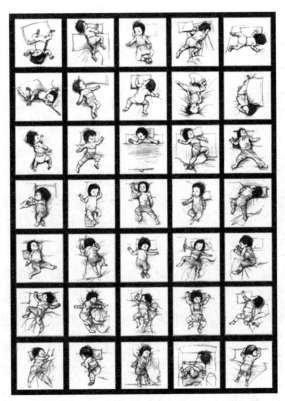

——《木朵百睡图》①

① 速写本子 . 木朵百睡图［M］. 北京：中国华侨出版社，2014.

【随园夜话】

从上面的图片中，我们可以形象地看出绘画在教育中的作用。附上图画的文字更能触动人敏感的神经，那么，如何有效地发挥绘画在教育中的作用呢？如何利用图画更好地触动学生的心灵呢？

困惑一

怎样用绘画来进行教育？

观点一：用简单的图画来实现教育。

真正的教育用一棵小小的树、一个小小的风筝就可以表达。简单的画就是简单的快乐，这就是童年最好的教育。实际上，无论画椅子、画房子，只要孩子能画出来，让每个人都能表达，这就是最好的教育。此外，对美术的要求不能太多，不能太强调技能。其实今天的许多老师也没有很高的艺术技能，但是都能表达出内心的感情和对生活的体验。好学生不仅仅是学习成绩优秀的学生，还会笑、会哭，会坚持自己的梦想，比如一些美术专业的学生，他们也会为了自己的梦想而奋斗一生。

观点二：用绘画的教化、愉悦功能培养学生的综合能力。

绘画有教化作用，《诗经》中将绘画的教化作用与美放在一起。绘画也有愉悦的功能，有趣的漫画能调节情绪，寓教于乐，有心理教育的作用。幽默对儿童的人格培养有影响，儿童在幽默作品的滋养下，会舒缓自己的焦虑，有利于树立乐观自信的信念，能够摆脱利害，轻松面对一切。有这样一个班级，老师坚持了两年，让学生搜集幽默画，每个人选择最喜欢的幽默画在班会上进行分享。两年下来，班级的凝聚力越来越强。绘画也有助于综合能力的培养。比如小组手指画，可以培养合作精神、色彩的把握以及语言表达等方面的能力。班主任可以和美术老师一道进行这样的班级活动，达到教育的作用。

困 惑 二

漫画对学生的影响是什么？

观点一：有些漫画暴力倾向很严重，缺少自然天真的东西。

　　日本宫崎骏的动漫画面唯美，情节扣人心弦，里面的音乐也很不错。孩子看到的一些外国漫画，有很多血腥暴力的内容，例如吸血鬼、僵尸，自然天真的东西很少，导致学生思想倾斜，产生很大的负面影响。

观点二：漫画可以影响孩子的兴趣。

　　很多老师不了解学生的兴趣，对漫画比较反感，怕学生沉迷其中。有的学生因为迷恋日本动漫，在初三的关键时刻每晚自学日语。如有一名初三学生，为了看懂原版的动画片，无时无刻不在学日语，三个月就通过了日本语能力测试（四级）。对于在这方面有兴趣的孩子，应该注意往正面引导。

观点三：漫画可以改变传统教育方式。

　　可以把漫画应用到班会课的讨论环节。比如，有老师召开主题为"秀出班级的名片：自信、团结"的班会时，利用体验的方法，先引导学生对班级近期工作展开讨论，有哪些问题，如何改变。让学生想象，三年后的班级是什么样的，并用一幅漫画来呈现。当这些画被画出来的时候，学生对优秀班级的理解与认识，对班级奋斗目标的认识，以及自己所要付出的努力自然就清楚了，漫画起到了很大作用。

我的观点

　　上述小组中讨论到的困惑，在您的工作中是否也出现过呢？您还有补充或不同的观点吗？

浅谈美术的功能及对中小学生的影响

陈亮[1]

长期的应试教育使我们在对学生智力因素培养的同时忽视了对学生情感、态度、价值观等非智力因素的培养，而这些非智力因素是影响学生成长与发展的重要元素。很多教育工作者已经意识到非智力因素的重要性，但是在教学过程中又手足无措。针对这一状况，艺术教育可以很好地发挥引导作用。艺术教育（包含美术教育）对学生的人文素养有润泽的作用。美术的功能主要有认知功能、审美功能和教育功能，这三种功能之间是辩证统一的关系，不能割裂。本文就论述的需要暂且分而谈之，以便讲清道理，让大家看得明白。

一、美术的教育功能

在常规的中小学教学中，美术的教育功能主要是通过美术实践、美术鉴赏来实现的。学生早期教育的形式主要是图式。几乎所有以绘图形式呈现的知识、故事、情节，都受到学生的欢迎。这是因为美术呈现的方式相对于语言、文字而言，更加直观、形象，甚至能够触及内心深处；而且，绘画作

---

① 提供者：陈亮，南京市建邺高级中学美术教师，江苏教育学会美术专业委员会理事，中国教育学会会员，曾获江苏省美术教学基本功大赛第一名。

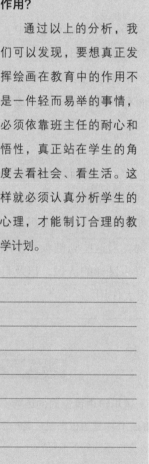

【问题聚焦】

如何发挥绘画在教育中的作用？

通过以上的分析，我们可以发现，要想真正发挥绘画在教育中的作用不是一件轻而易举的事情，必须依靠班主任的耐心和悟性，真正站在学生的角度去看社会、看生活。这样就必须认真分析学生的心理，才能制订合理的教学计划。

品对读者的选择是开放的，几乎各个年龄段的读者都可以看懂，即便是低幼年龄的儿童，适当的讲解也可以帮助他们读懂绘画作品，形成直观印象。

以漫画、卡通为例，这两种美术样式颇受学生青睐。漫画、卡通有形象、生动、唯美、直观、夸张等特点，这些视觉特征对感官的刺激远远超越语言、文字等媒介。学生从美术作品中获得审美体验的同时，也认知了作品所传递的各种信息，从而实现了美术的教育功能。

大部分学生喜欢漫画、卡通的原因是被画面所传递的各种信息所吸引，这并不意味着学生对艺术有多少天分或者喜好，更多的是美术的教育功能在发挥作用。当然，也有很多孩子是真正喜欢美术，他们能够记得大多美术形象的视觉特征，以及细节变化，甚至能够绘制、创造他们喜欢的动漫形象，并且乐此不疲。对于这样的孩子，需要对他们进行更多的美术教育，帮助他们解决技法上遇到的困难，引导他们走向艺术创作之路。

美术的教育功能是一把双刃剑。有一些无良画者为博眼球或谋取利益，创作了一些低俗、血腥暴力的作品，或者适合成人的绘画作品，如果不加以区分地观赏会对学生造成伤害，这需要家长或教师加以甄别，引导学生多看有正能量的美术作品，发挥美术的积极作用，真正发挥美术教育功能的价值。

二、美术的认识功能与审美功能

美术作品中蕴含了作者要表达的信息，是画者表达各种认知与生活情感的工具，也是人类最早用来交流与表达的工具，具有和语言、文字一样的作用。

美术学科又有自身的特点，认知与表达物象的方式有别于其他学科。美术以视觉思维为主，用空间、色彩、明暗等元素营造可视化的场景。在美术学习中，学生的思维方式更具有空间感、整体感，思维过程更具有形象性和延展性，作品更具有创意性和唯美感。

对于美术教师而言，应该反思美术现状，调整教学方式，消除学生对绘画的畏惧心理，尝试降低美术的技术性要求，回归美术表达功能的

"本职"，鼓励学生创意及追求个性。帮助学生在美术学习中享受快乐和美感，体会创新的成就感，真正让美术与学生成长过程相伴。

三、美术实践中的积极效应

美术的学科特点非常明显，教学的效果也直观可见，但如何进行实践操作却困扰着很多教师，尤其是想尝尝"鲜"的班主任老师，下面分享两个课例，希望对同行有所启发。

有一种说法，艺术源自游戏，即"游戏说"。面对美术活动我们要放松，就像对待说话与写字一样，甚至可以像玩游戏一样玩转美术，学生既能享受美术的乐趣，又能收获美术作品以外的精神价值，如对于团结、自信、青春、激情、友谊、互助等一些抽象的意识形态，美术可以以一种具象的方式唯美地呈现这些抽象概念，让大家看得见、摸得着。

课例一：玩转美术。

这是一节借班上的公开课，执教者是南京的一位中学教师，地点在连云港某中学。老师提供了一个泡沫板，并在板上绘制了一个蝴蝶的轮廓，然后发给大家一些纸张，请每人剪出一个小蝴蝶，并给蝴蝶做些装饰，然后将其固定在泡沫板上的轮廓内，一节课的时间所有的学生都非常专注，为了这个"集体"的蝴蝶，每一个人都不遗余力，最后终于完成了这幅集体作品。教师积极调动了学生的集体情感才完成这件作品，让人感动的是下课后，学生找到老师恳求留下这件作品，老师同意后学生欣喜若狂，三人抬着作品走出教室，室外风大，十几个学生把作品围成个圈，免得被风吹坏。可见，这件作品在学生心目中的价值。

课例二：创意美术。

高中生动手的能力远远超过初中生及小学生，审美能力也逐渐成熟。当他们明白美术的形式及风格多样性后，就很容易冲破传统绘画审美标准的束缚，尝试运用多种方式大胆表达。下面展示的是部分高中一年级非美术专业学生的优秀作品。他们并没有局限于传统的绘画方式，而是使用了布、胶水、刮画纸等材料。我在引导学生创作时，强调绘画的主题性，以激发学生表达的欲望；降低对形象准确性的要求，降低材料及工具使用的难度，以弥补学生技术上的不足；追求创作过程的趣味性、游戏性，引导学生寻求美术创作的乐趣。

都市女孩 时装秀 快乐的画家

罗丹曾经说过："艺术就是感情。"艺术源于生活，画者是用画笔表现生活中得来的真情实感。艺术就是这样潜移默化地感染、熏陶着它的欣赏者，没有人告诉你什么，但从这些艺术中你可以拥有完美的心灵、宽阔的胸襟、洒脱的行为及自由的思想。美术教育对学生成长所产生的影响及作用是积极有效的，以情感为纽带，在美术教育中学生会更自然、更主动地获得滋养。美术教育作为有效的教育形式，更应该得到充分重视，以发挥美术教育的积极作用，促进教育的转型及素质教育的全面提升。

绘画——陶冶心灵、完善人格的教育

朱曦①

我觉得，美术也好，音乐也好，这个话题与教育是非常近的。人是生活在三重世界中的：第一个是生活世界，也就是肉身生长的世界；第二个是科学的世界，我们要认识自然，所以就有了一个科学和知识的世

---

① 解读专家：朱曦，南京师范大学教育科学学院教授，南京师范大学班主任研究中心副主任。

界；第三个是精神的世界，至少包括艺术的世界和信仰的世界。因为人是有不同需要的，所以我们要满足不同人的基本生存，同样也要满足人性的需要。而理性或者自然，不一定能够满足人性。所以绘画是人类比较早的精神表达形式，原始社会就有岩画。从艺术和教育的关系来看，这些岩画和人性是有关系的。无论是中国还是古希腊的教育家，都想到用艺术，比如诗歌、音乐、绘画的形式，来影响人的心灵，而艺术是最能感染人性的手段之一。没有艺术的教育不是真正的教育。所以尽管今天很多老师的画并不像画，但我们依然可以从中解读出人性的愿望、情感和期待，这就是艺术教育最终的目的和宗旨。艺术教育的目的不是为了让学生以此谋生或成为画家，而是为了陶冶心灵，完善人格。

绘画在班级教育中的运用

刘古湘[①]

现在的学生兴趣广泛，绘画也是热门兴趣之一。班主任如何看待绘画这门艺术，并恰当地运用绘画作品及绘画活动对学生进行教育管理，是值得我们思考的一个课题。

教育中有两种常见的与绘画有关的现象。第一种现象是常有学生在非美术课上画漫画，不专注听讲或不积极参与课堂教学活动；第二种现象是常有学生在校园走廊、教室墙壁、课桌、作业本上乱涂乱画。

遇到以上两种情况，我们通常会有这样几种解决方案：一种方法是查出具体学生，然后批评一通，比如写检查，找家长；另外一种方法是通过调查了解，找到相关学生来交流。上面这两种方法我都选择过，最终觉得第二种方法处理的结果令师生更和谐，孩子的发展更好。

对以上这两种现象和处理结果进行简单分析：

---

① 提供者：刘古湘，南京外国语学校仙林分校美术高级教师，班级教育小组成员，江苏省书法家协会会员，曾获江苏省第二届中小学教师书画大赛二等奖。

通过调查发现，一些孩子上课画漫画、不专注听讲或不积极参与课堂教学活动的原因是这些学生对绘画的兴趣太浓，每时每刻都惦记着绘画，这也是很多痴迷于绘画的人具有的共同特征，也有的是因为这些孩子对所学学科或某个老师上的课不感兴趣。对这些孩子如果仅是严厉地批评，不挖掘行为动机，学生会有两种选择：要么放弃画漫画，忍受"痛苦"地听课；要么表面上听进去了，但在心里会不服气，与老师产生对立情绪。因此，我们不妨从多角度考虑问题，搞清楚现象背后的本质，有的放矢地采取措施，教育的效果就会大相径庭。

学生在校园走廊、教室墙壁、课桌、作业本上乱涂乱画，应该属于心理问题而造成的，这样的孩子可能是对某件事或某个人不满，心里充满了气愤或者仇恨，也有可能在人际关系方面出现了问题，在学习上产生了障碍。班主任可以通过沟通、讲道理，讲讲人的文明程度和品行的重要性，让学生明白乱涂乱画是错误的行为。解决了认识和心理的问题，"乱写乱画"的现象也就不会重演；否则，如果只是要求学生做检讨，甚至处分学生，不仅不能给学生改正错误的机会，还会增加学生的对立情绪，随手涂鸦的现象或许会愈演愈烈。

以上是学生做出的与绘画有关的负面行为，若班主任能因势利导，充分运用绘画的教育功能，开展丰富多彩的美术活动，让我们的教育效果最大化，就一定会给班级教育带来崭新的面貌。

一是每学期策划一次班级绘画作品展。每个班都有一批绘画爱好者，可以选举一名既有绘画特长又有工作能力的学生搞绘画作品展，并且定期更换。通过绘画作品展览，让美术特长生有成就感，也让喜欢画画的学生有学习目标，使那些漫画爱好者向专业方向发展。

二是每学期开展"欣赏主题性、励志型绘画作品"活动。带领学生欣赏英雄人物肖像画，学习英雄人物的英勇拼搏精神；欣赏献爱心、孝敬老人的主题宣传画，让良好的道德风尚，直抵学生的心灵。每个学期可以根据学校常规教育要求，有计划、有侧重地安排系列主题性绘画作品欣赏，并写出欣赏心得，使学生从直观形象熏陶中受到教育。

三是每学期组织一次"乱涂乱画"活动。绘画也有调节情绪的作用。活动时给每个学生发一张白纸，要求所有学生思考学习、生活中有哪些让自己不快乐的事或人，然后边想边用笔画出最糟糕的线条，想怎么画就怎么画，可以用点、戳、圈等手法，可以是具象的，也可以是抽象的，彩色黑白均可。画完后，让学生自己把这张"作品"撕碎，扔进垃圾桶里。然后闭目养神5分钟，这样学生可以发泄不良的情绪。通过这样的活动，学生可以放松心情，调整心态，重新回到学习生活中来。

四是开展工艺品写生。利用自习课时间，桌上摆一个学生自己喜欢的细节丰富的工艺品，让学生用铅笔进行线条写生，画得越仔细越好，把所能看到的物品细节都画出来，比如裂纹、斑点、针织纹理等。细节刻画可以培养学生的细心、耐心，有助于克服学生心理浮躁、粗心、不细心观察的习惯。这些非智力因素对于学科学习有很好的促进作用。

因势利导

刘玮[1]

【实践探索】

绘画，在幼儿园阶段非常受重视，很多家长会把孩子送到各种学习绘画的兴趣班；而到了中学，家长关注孩子绘画的就很少了。在我的班主任工作生涯中，碰到过孩子喜欢绘画而家长强烈反对的，也碰到过孩子对绘画没有兴趣而家长强迫孩子学习绘画的，当然，也碰到过一些非常幸运的孩子，他们喜欢绘画，而自己的爸爸妈妈也很开明，支持他们绘画。班主任在班级管理中对这些幸运或者不幸的孩子该怎么办？我和大家分享三则故事，或许能对我们有所启发。

故事一：绘画天才的命运。

四年前，我接手一个初三的班级，班上有一个男孩很有特点，特

---

[1] 提供者：刘玮，南京外国语学校仙林分校优秀班主任，中学一级教师，江苏省少年科学研究院"优秀指导教师"。

别喜欢绘画。说实话，在这个年龄阶段的男孩喜欢绘画的还真不多。听班上学生讲，他小学时候学习成绩非常优秀，到了初中因为父母离异，成绩就一落千丈。老师们都反映他上课不听讲，课后不做作业，所有的时间都在画画。我观察他画的都是漫画人物，画的水平不亚于那些专业漫画作者，而且不是模仿，完全是自己创作，还有完整的故事情节。我觉得有必要找他的家长好好谈谈。一天，男孩的父母第一次来到学校。我反映了孩子的情况，男孩的妈妈很激动地说："儿子都是被他爸爸害的。"听了这话，男孩的爸爸怒目圆睁。我急忙解围："你们不要互相指责，请你们来是为了帮助孩子的。孩子这么喜欢画画，是不是可以考虑给他报考某中学这类的美术班呢？"他们考虑了一下，一致表示可以试试。从那次谈话之后，这个孩子转变很大，上课开始听讲了，作业也开始按时完成了，成绩上升得很快。我很好地利用学生喜欢绘画的特点，因势利导，激发了这个孩子的学习动力。

遗憾的是，孩子的爸爸妈妈并没有给他报名学习考美术加试的专业课。到了初三下学期美术加试时，他的爸爸妈妈没有让他去考。跟他的父母联系时，他们说孩子自觉性差，托朋友找了某个县中给他上。后来这个孩子在初三最后两个月里又彻底不学了，他开始不停地画画，比之前更加疯狂，甚至中考前一周，大家都在紧张地备考，他居然晚自习回去不睡觉，在班上同学的校服上作画，以示纪念。从一件校服到两件、三件……班上的同学都把他的作品当宝一样，大家排着队让他在自己校服上画画，他就用一支黑色的笔在校服上描绘各种各样的漫画人物，大家看了他的作品，无不赞叹。

我默默欣赏的同时，内心又有些许酸涩，多么才华横溢的孩子，却不能找到正确的方向。中考成绩出来了，他考得很不理想，后来得知他的父母也并没有让他去上县中，而是上了一所技校，选了孩子根本不感兴趣的机械专业。

故事二：计划外的美术生。

这个女孩初一、初二都是班长，性子风风火火，做事胆大心细，一直以来都是老师的得力助手。她喜欢音乐，唱歌很不错；喜欢主持，口才很好；喜欢电影，还喜欢cosplay（角色扮演）。教她两年多，从来没有听说她喜欢画画，也没有见她画过。初三上学期的家长会之后，她的妈妈找到我，说要她去考某某中学清华大学的直招美术班，理由是上这个班文化成绩要高，女儿学习不错，只要把美术加试考过去，凭文化课成绩一定能在众多艺术生中脱颖而出，只要考上这个班，就能上清华，以后就能当设计师，前途一片光明。我和很多老师一样，对女孩父母这样的选择感到惊讶，担心父母没有征求过女孩的意见。班上同学在知道她要考美术的时候，都非常惊讶，有的人甚至嘲笑她说从来就没有看到过她画画。她自己也觉得很丢人，可是父母命又不得不从，而且她的父母给她描绘了能上清华大学的美好愿景，她也动摇了自己原本坚持上普高的想法。到了初三下学期，为了备战艺考，她经常请假，由于一点美术功底都没有，学得特别艰难，她的父母不惜代价找来名师指导。当她累了的时候会来找我，我鼓励她要相信自己，选定了目标就不要轻易放弃，我们等着你的录取通知书呢！她的父母也很感激我对孩子的鼓励。最终女孩真的考上了！毕业的时候，她亲自为班级每一位老师都画了一幅画，当老师们收到这份特别的礼物的时候，非常激动！

有一年校庆，女孩来看望我，还带来了一幅专为学校画的画，我们都很高兴。她跟我说，现在压力很大，她是为了考试突击训练的，原来一点美术功底都没有，现在到了班上，别人都是从小就学的，内行人一看就知道她的水平，所以大家都认为她是走后门进来的，都瞧不起她，她一上什么素描课、写生课就很害怕，害怕大家笑话她，说她根本不会画画。我跟她说："你在这么短的时间内能取得这么大的进步已经很了不起了，不要太在意别人的眼光，过好自己的每一天，让自己每一天都进步才是最重要的，大画家凡·高二十几岁才开始绘画生涯呢！"她听后很高兴地离开了。我想，当老师的一定要在孩子需要帮助的时候适时地给予鼓励，给予孩子正能量。但同时我又很担心，在没有兴趣指引的绘画之路上，她能走得远吗？

故事三：学霸与画画。

这个女孩给人最大的印象就是学习好，每次考试都稳居班级第一，可是她最大的爱好却是画画，课余时间没有报任何辅导班，唯一学的就是画画，这让很多人都大跌眼镜。我曾经问过她，你为什么这么喜欢画画？她写了这样一段话给我："画画是一种十分有效的排解烦恼的方法，当我一心沉入眼前的画面时，大脑只需要去安排画面布局、线条顺序与色彩搭配，完全没有时间去担忧现实，随手的涂鸦也非常有趣，不用大费心思创作鸿篇巨制。小小的画面潜伏在书本一角，有意无意间翻到都会会心一笑，而在完成一张画后又会有一种身心轻松的感觉，似乎也更能集中注意力投入学习中去。"有的时候自习课上她也会画画，我看到了，都会拿起来欣赏一下，而不会去指责她，她非常高兴于班主任能这样开明。我还创造各种机会让她发挥绘画的特长，比如参加壁画展、黑板报、班级宣传等活动。

绘画是学生情感宣泄和交流的重要途径，同时又充满新奇与创意。老师尤其是班主任应该充分发挥绘画对孩子的教育作用，因势利导，为学生健康成长创造良好的心理环境。当班主任这么多年，碰到爱画画的孩子，我总是积极地支持和鼓励他们，也积极为他们提供展示的舞台和机会。即使他们在课堂上画画我也不会严厉批评，而是先肯定他们，再引导他们上课要专心听讲，因为我深知爱画画的孩子都是热爱生活、追求真善美的孩子。正是这样的因势利导，将绘画与班级教育相融合，才能真正地促进学生的发展。

我的行动计划

　　以上进行了绘画与教育的讨论，相信您也有了一定的收获和感悟。结合您的工作实际，上述讨论中的哪些观点和做法对您有所启发？请不妨给自己简单列个计划吧！

九日谈 | 因为有你而幸福
——交往与教育

情境引入
- 朋友的朋友不一定是朋友

随园夜话

问题聚焦
- 如何提升学生的人际交往能力？

名师视角
- 教育需要把握节奏

专家解读
- 教育性交往

高手支招
- 同伴交往是孩子成长的必修课

实践探索
- 爱的教育

友情在过去的生活里，就像一盏明灯，照彻了我的灵魂，使我的生存有了一点点光彩。

——巴　金

集体生活是儿童由自我向社会化道路发展的重要推动力，是儿童心理正常发展的必需。一个不能获得这种正常发展的儿童，可能终其身只是一个悲剧。

——陶行知

每个人都是一个完整的世界，一个思想、感情和感受的世界。个人怎样"影响"集体，集体又怎样"影响"个人，对此我们是无权视而不见的。

——苏霍姆林斯基

【情境引入】

近年来，中小学生的人际交往问题越来越受到学校和社会的普遍关注。异性交往、师生交往、同伴交往、家校交流等几乎覆盖了一个学生与群体交流的所有方面，任何一个方面的脱节都会影响交流的质量，进而出现种种棘手的问题。下面我们先从中学生对"朋友"的认识说起。

朋友的朋友不一定是朋友

每一个人都会有自己的好朋友，而你的好朋友除了你之外还会有其他的朋友，于是你与朋友的朋友就有可能成为新的朋友。中学生的交往欲望比较强烈，很容易通过老朋友交到新朋友，从而快速拉长自己的"朋友链"。但是，你可知道在随意拉长的"朋友链"上存在着各种各样的交往风险吗？

某所中学的男生小刚和小明是好朋友，周末这对好朋友约好一起去体育馆打篮球。在打球的过程中他们遇到一个叫小军的人。

小明向小刚介绍说："这是我的好朋友小军。"

既然是"朋友的朋友"，小刚就冲小军说："那我俩也是朋友了。"小刚通过小明认识了小军，三个人在一起玩。他们打了一会儿篮球，觉得特别无聊。小军就提议："我有个好朋友，他可比咱们有'派头'多了——他家是开汽车修理厂的，院里有好多他修好了但车主还没有提走的汽车，我的这个朋友就常常开这些车带我去兜风。要不现在我带你们去找我的那个朋友玩吧。"

小明和小刚开始还有些迟疑，说："这样不好吧，我们又不认识你的朋友。"

小军很豪爽地说："这有什么不好！我的朋友也是你们的朋友，大家都是好朋友嘛。和我一起去吧，开车兜风，特别刺激！"

听了小军的一番鼓动，小明和小刚决定随小军去汽车修理厂找新朋友玩。三个人去了汽车修理厂，见到了小军的朋友小A。小A听说小明和小刚是小军带来的朋友，果然很热情地同意了一起开车去兜风的请求。

　　小A在大院里找到一辆黑色的轿车，很熟练地打开车门把大家请到车上，然后自己坐在驾驶位置上发动了车子。

　　小A把轿车开出了城，然后开上了一条路宽人稀的郊区公路。小A加大了油门，轿车在郊区公路上飞一样往前冲。坐在轿车里的其他人感受到了飙车的刺激感，都欢呼起来。

　　小A驾车的速度越来越快，大家的欢呼声越来越高。忽然听到"嘭"的一声，轿车的左前轮突然爆胎了。轿车立即失去了控制，在马路上不断翻滚起来，最后翻到路沟里才停下来，结果造成小A当场死亡、其他三人重伤的悲惨事故。

　　这则案例告诉我们：当你通过朋友认识朋友时，你的"朋友链"就会越拉越长，"朋友链"上的许多人对你来说却是真正的陌生人，与这些陌生人交往时，潜在的风险随时有可能变成危害你身心安全的事实。所以，在交朋友的过程中，不要随意拓展自己的"朋友链"，一定要防止"朋友链"上那些会给你带来伤害的"非法链接"！

我的故事

　　这样类似的案例在您的班级是否也发生过？不妨与身边的伙伴分享一下或者用笔写下来。

【随园夜话】

从以上案例中，我们可以发现当今中小学生交往过程中存在的一些现象，您对这些现象的理解、分析和处理过程有哪些困惑？

困 惑 一

班级人际交往有什么特点？

观点一：成人的交往模式影响学生交往。

从某种意义上讲，教育是师生之间的互动过程，具体化到一个学校、一个班级，这种互动过程是由老师与老师间的交往、老师与学生间的交往，以及学生与学生间的交往构成的。我们知道，学生的社会化过程主要是在学校实现的。因此，学生对于如何与人交往、什么样的交往方式是正确的、交往的规则是什么等知识很大程度上是从老师、家长等成人那里学来的。所以，在学校交往过程中，最需要解决的是老师交往问题，包括老师与老师间的交往和老师与学生间的交往。

观点二：交往贵在追求"真善美"。

第一是"求真性"，交往的最基本原则就是真实性，而不是虚假的。现在很多孩子写作文，或者与人沟通的时候，都沾染了不太好的习气，比如喜欢说空话、假话，这一点很忌讳。第二是"向善性"，人之初，性本善。在交往的过程中，要善待他人，要相信"世上好人多"，不要疑神疑鬼，不要欺人、骗人。现在很多孩子与人沟通的心态不好，或者说，他们没有表达善意的习惯。第三是"艺术性"，良好的交往与沟通应该是讲究艺术性的，能使彼此很温暖，很幸福，是很美好的一件事。

观点三：教育里的交往具有相互性、针对性和社会性。

第一个是相互性。交往即教育，教育即交往，所以人际交往与教育具有一定的相互性。第二个是针对性。如在教育过程中，老师对学生的教育是针对学生的特点进行教育，或针对什么学生进行教育。第三个是社会性。学校是一个神圣的地方，但学生必然有步入社会的时候，所以学校的教育一定要重视学生的社会属性。

困 惑 二

有一位学生因为异性交往问题，惹来家长告状，教师该如何帮助这位学生，引导该生重新回到班集体？

观点一：在集体中教育学生。

方法一是利用相关题材的影视作品进行教育。通过观看一个故事，看别人是如何处理这类问题的，该生就会明白自己做得对错。对于自尊心很强的学生，不能用直接的方式讲出来，也不能去强化，不要在班里挑明了让大家来处理这件事情，否则会引起逆反心理。所以，可以采用一些迂回战术，用旁敲侧击的方法启发其他的同学，也可以运用这种方法提前教给该生学会运用合适的方法吸引他人的关注。方法二是在班上普遍采用交朋友结对的方式，让这个学生交到朋友。但也需要一些技巧，比如班上同学不愿意和他结对，可以做一些具体的工作。方法三是采用一些集体活动的方式，让该生在活动中融入这个集体，去改善在集体中别人对他（她）的看法，以及他（她）对集体的看法。总的来说，不要把目的性暴露得太明显，教育不要太直白，要通过其他方法曲线达到教育目的。

观点二：从学生家长身上寻找原因。

第一，该生表现出的一些行为可能有家长的原因，比如他的性格问题。遗传论、环境论在这里都有影响，班主任应该去了解一下该生的父母有没有这样的问题。如果有，应该从父母这里入手。第二，还应该了解双方家长对这件事的态度。第三，该生走到了低谷，我们应该撇开交往，谈谈交往背后本质的东西。魏书生说过一句话："人人都是一面镜子，你看别人像天使，你就生活在天堂里，你看别人像魔鬼，你就生活在地狱里。"别人孤立他，肯定和他自身有很大的关系。如果大家都能学会有效地表达自己的诉求，这样的交往就会更有质量和效果。

观点三：班主任应未雨绸缪，将不良因素扼杀在萌芽里。

冰冻三尺，非一日之寒，该生的行为不是一天造成的。所以，作为班主任来说，要发挥其在人际交往中的作用的话，就要关注学生的交往。等到学生人际交往问题已经很严重了，家长找到学校时就迟了。班主任可以早一点采取措施。比如学生被孤立的时候，就带他们去做扩展训练，等等。如果班主任平时注意和家长交流的话，家长会先找班主任，那么班主任就有回旋的余地，把问题解决在家长进教室之前。因此，越早采取措施越容易解决问题。

困 惑 三

你对班级交往中"交往理性"怎么看？

观点一：班级的交往是提前社会化的学习。

班级交往方式的意义就是让学生学会交往。班级就是小社会，学生和同学、老师之间打交道，实际上就是学会跟社会上各种人交往，是提前社会化的学习。学校就是社会，社会就是学校。

观点二：班主任应该反对"交往理性"。

交往是有条件的，需要时间、空间、契机，需要场合，交往还需要一种心灵与心灵之间的碰撞，也是有条件的。社会上有些东西是对孩子成长有积极意义的，是一种教育意义的交往；还有一种就是比较世俗化的交往，就像是学术界一直批判的一种"交往理性"，老师在跟学生交往时是看对方背景的，班级里的学生是分层的。比如，期末评优时会考虑学生的家庭背景。这是一种很庸俗化、很功利主义的东西，是值得我们去批判和反思的。学校不完全是一方净土，社会上的许多东西对于学校场域的老师来说不可能不受影响，经常听到老师们在学生面前说"某某老师怎么样，某某学生怎么样，某某老师带的那个班级怎么样"，经常在学生面前讲这些话，学生会从老师的这种评价中获得一些信息——"原来老师们是这样一种关系"，这样的交往是值得我们教育者批判和反思的。

【问题聚焦】

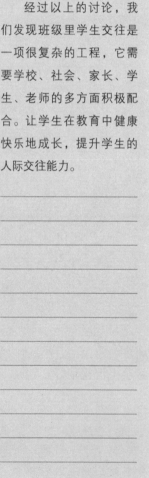

如何提升学生的人际交往能力？

经过以上的讨论，我们发现班级里学生交往是一项很复杂的工程，它需要学校、社会、家长、学生、老师的多方面积极配合。让学生在教育中健康快乐地成长，提升学生的人际交往能力。

教育需要把握节奏

陈宇①

孩子的自我成长是有节奏的。在教育学生的过程中，经常出现欲速则不达的现象。以帮助孩子荡秋千为例，我们每次发力的时候都是在孩子最需要的时候，那是最好的。并不是我们用的劲最大或者频率越高，效果就越好，有时候甚至使了很大劲却收效甚微。教育也是如此。

首先，在孩子最需要的时候，给他最恰当的帮助，教育的时机比教育的手段更重要。对于教师来讲，首先要研究孩子成长的节奏。一个是个体的成长节奏，一个是班级整体发展的节奏。有的孩子很懵懂，有的孩子已开窍。人间四月芳菲尽，山寺桃花始盛开。每个人是不一样的，要尊重孩子的成长节奏。其次，是让孩子自己有时间去体验和自我成长。我认为体验就是自我成长。班主任的介入需要根据具体的情况确定是前期还是后期介入。有时班主任一开始就预见到了后面的发展横加干涉，就让孩子失去了体验的机会，所以后期介入也不失为一种很好的教育。关于节奏，大致有这样几个关键词：第一个是循序渐进；第二个是水涨船高；第

---

① 提供者：陈宇，南京市第三中学教师，全国知名班主任。

三个是欲扬先抑。总而言之，符合教育节拍，否则就会出现班主任很累反而欲速则不达。老师的介入都要建立在尊重孩子成长规律的基础上。尤其是学生在同学交往方面，只有在他体验过以后再进行点拨，这样效果往往会更好。

教育性交往
朱曦

交往是人类社会的基本实践活动，同时也是人的社会生活的基本内容。教育作为社会生活的一个领域，就必然以教育交往为基本活动方式。现代大学生流行着一句话：我不是一个随便的人，我随便起来不是人。就是说，在学校我不是一个随便的人，但是到了社会上我可能就很随便。这很值得我们深思！

交往的性质到底是什么？本人觉得交往是主体间的对话，是教育性交往。

孩子一出生就会用表情、声音表达自己的情绪，因为他要获得安全感，这是人生存的本能。人都害怕寂寞，害怕孤单。弗洛姆在《逃避自由》中说，给你自由时你会受不了的。这说明人作为一个社会的生物体，交往是必需的。在交往时，我们要真诚相待，这是交往的一个基础。第一是常识，从理论上讲，生活世界首先由公共知识组成，这个公共知识是大家认可的常识，达成共同意识的价值形态、生活方式、文化习俗，这些是学校应该教给学生的。一个人在社会上混得很好，他懂得的社会潜规则不一定是社会认可和追求的东西，这种交往是不安全的，甚至随时有性命之忧。社会上的你我他到底是以什么标准在交往呢？这一点学校有课程，有得天独厚的优势。第二是规则，学校有自己的特色，有自己的内容，这些规则是需要教师传授的。规则涉及各种利益，学生通过学习来理解规则。第三是价值观的学习。人活在世界上必须有价值观系统,无论是好人与坏人,都要有价值观系统,至于你成为什么样的人是受到你的价值观的影响。因此,在学校中价值观系统的培养很重要。价值观系统在支撑着我们。交往的学习中最重要的是与社会达成共识,不要总是抱怨社会。在学校生活中是什么在影响学生交往?主要是班级交往,但不能局限于班级,社会、媒体等都会影响学生交往。作为教育工作者要正确引导学生从班级交往发展到社会交往。如学生喜欢与虚拟世界交往,这种行为需要积极、正确地引导,否则会误导学生,甚至贻害学生。这也启发我们教育工作者对学生的交往教育要做更为广阔的思考。

最后一点是交往规则的形成。社会交往有规则,教育交往也有自己的规则。有时我们能理解学生的痛苦,但学生不认可我们,这是很苦恼的事情。与学生对话,多讲实话,少说虚话。当然,交往规则的形成还需要探讨和研究。

教育性交往能促使学生产生对社会正确的认知,教育是让学生认识社会的。交往这一实践活动的丰富性,以及教育对人所特有的建构性,使教育交往必将孕育出人的丰富性和全面性。

高手支招

同伴交往是孩子成长的必修课

韦成旗

现在的孩子,由于兄弟姐妹少、休闲方式单一、父母过度保护、隔代过度宠爱、电子产品和网络的过度依赖等主客观原因,他们的交往能力相对薄弱,甚至出现种种问题。然而,交往,特别是同伴交往对孩子社会化、健康成长都有十分重要的意义。班级是学生成长的重要阵地,如何利用这个阵地培养和提升孩子的交往能力,是所有老师,特别是班主任需要关注的问题。

我曾经对我校初中生人际交往情况做过简单调查,结果显示近60%

的学生在班级从不感到孤独，近50%的学生觉得学校的人际关系处理得较好，57.9%的学生认为"与同学关系"是影响校园生活满意度的最大因素（高于与老师关系的36.7%），他们提到在班级交往中的困惑主要有：不善于表现自己，太多依赖别人，有时不相信别人，说话太直，自己太暴躁，容易发生冲突，有时会发生误解，太在意别人的看法，等等。可见，学生在学校交往中，同伴交往是最主要的方式，在学生的发展中具有重要意义。

从同伴交往中人际关系的角度看，学生一般可分为以下三种类型：

第一，人缘好的学生。与人关系好，受欢迎，有一定的威信，热情为大家服务。学生之所以受欢迎、有威信，取决于下列条件：善于交往，对人热情；拥有较多的知识技能，并乐于助人；仪表端庄，和蔼可亲，给人以好感。

第二，受排斥的学生。受到的选择少，排斥多，与多数人关系不好。

第三，被孤立的学生。既未受到选择，也未受到排斥，在班上默默无闻，无足轻重。学生被孤立或受排斥的主要原因是：学习马虎，不关心集体，不注意自己的仪表态度；对交往不感兴趣，不愿意和同学交朋友，不主动与人来往；不善于和同学相处，在集体活动中往往不能适应。

作为班主任，我们要引导学生积极地与同伴交往，促进其良好人际关系的建立，可以从营造良好的班级交往氛围入手。在班级中营造一种和谐的交往气氛，使师生之间、同学之间的关系和睦融洽，能有效地调动每一个学生的积极性，能在令人愉快的教育情境中消除学生的不健康心理因素，在班级中形成一种协调的人际关系，进而使学生的个性特长得以充分发展。因此，在班集体建设的众多目标中，建立和谐的班级人际关系是一个重要方面，也是班级文化建设的重要组成部分。

一、引导高尚的交往动机

心理学告诉我们：交往的基本动机是希望从交往对象那里得到自己需求的满足。现在的一些孩子自我、功利、短视、甄别能力弱，使得他们容易产生不良的交往动机，这就需要老师积极引导，教会学生正确、健康的交往知识，懂得奉献与索取的关系，正确认识自我，克服自卑，增强自信，从而形成一种团结、友爱、互助、互敬的班级风气。

二、搭建积极的交往平台

为了使学生能够更好地进行同伴交往，班级可以为学生搭建交往的平台，提供更多交往的机会。

1. 小组合作

如今，很多班级采取了小组合作的学习方式，将学生分成四五个人的小组，课上课下，很多学习环节都以小组形式展开，使每一个学生在组内、组间交往中扮演不同的角色，在"小组"这样一个正式群体中充分交往。小组合作不仅运用在学习上，还可以运用在班级管理和班级活动中。比如，班级实行小组值周制度，即每个小组"当家"一周，负责班级日常管理，包括班会、夕会的组织，班级日志的填写，课堂管理，卫生检查，当周班级活动的策划与组织，等等。这样一种微型化的小组，使学生置身于不同的关系中，进行着多重角色的转换，从而丰富了学生交往活动的内容，提升了学生的道德品质。

2. 学友结对

学友，即学习的朋友。班级可以组织优秀生与后进生在自愿、自主的原则下结成对子，类似于有些班级实施的"师徒结对"。学友之间可以是学习的指导者、生活的互助者、情感的倾诉对象，形成一种良好的互惠关系，进而产生珍贵的友谊。

3. 学长牵手

班级可以聘请高中学生为合作小组的"牵手学长"，小组成员要定期向学长汇报小组工作，学长们要经常关心、指导牵手小组的学习、生活和工作。这些"过来人"的一句话往往能点破迷津，特别是对于处在青春期的初中生而言，效果特别好。

4. 独立做事

国际21世纪教育委员会曾指出：21世纪的教育应该教育学生学会求知，学会做事，学会共处，学会做人。其实，我们知道，知识的运用、交往的水平、做人的能力往往是通过做事来体现的，也是在做事的过程中得以实现的。所以，作为班主任，我们要为孩子发展提供更多做事的机会，引导孩子多做事，指导孩子会做事，在做事中与人交往，在做事中运用知识，在做事中体现做人。

三、关注同伴交往的动态

心理学研究表明，交往的问题反映的是心理问题，人们在交往过程中之所以会出现各种各样的心理问题，往往是由不正确的交往态度造成的，这种不正确的交往态度是建立在一定的价值观念、认知方式和个性特征以及行为习惯等诸多因素基础之上的。这就要求班主任有一定的心理知识背景，能敏锐地洞察学生的行为动因，密切关注学生的交往动态，进而采取积极的干预措施。

1. 关注同学间的误会

同学之间发生误会和矛盾在所难免，有些误会时间一长也就淡忘了，但是有些误会是难以消除的，如果不加以说明，就会使人耿耿于怀，这不仅会影响同学之间的友谊，同时也会对个人的身心健康和全身心地投入学习产生不利的影响。因此，班主任要指导学生正确对待那些错怪了自己的同学，不要怀恨在心，要坦然地面对误会，只要不是自己的错误，不妨坦然置之，相信随着时间的推移，是非终有定论；要引导学生学会面对误会，寻根溯源，对症下药，根据具体的情况采用正确的态度。

2. 关注害羞的学生

有些学生性格内向，言语不多，对外界怀有一种胆怯的心理，言谈举止极其谨慎，缺乏主动性，不敢和别人接触和交往。他们往往在交往过程中过多地约束自己的言行，以至无法充分地、自由地表达自己的思想和感情，阻碍了人际关系的正常发展。对于这些学生，班主任要给予帮助，引导他们走上正常的人际交往之路。

3. 积极的交往干预

一旦发现学生间出现同伴交往问题，无论是同性之间还是异性之间，班主任应把握时机和节奏，采取积极的干预措施，或动员学生和家长，或请教心理教师，或邀请专门的心理机构进行辅导。

综上所述，同伴交往是孩子成长的必修课。对孩子心理需求的满足、自我意识和社会交往能力的发展、社会技能的获得、道德品质的提升都有举足轻重的意义，需要班主任正确引导，发挥同伴交往在孩子身心发展中的积极作用，促进孩子健康成长。

爱的教育

盛军丽[①]

【实践探索】

交往是一个广泛的话题，涉及多个方面，比如师生交往（班主任与学生、任课老师与学生）、师师交往、生生交往（同性学生交往、异性学生交往；校内交往、校外交往；学习中的交往、活动中的交往等）、老师与家长的交往。工作十多年来，我一直主动地或被动地、自觉地或不自觉地处理着或参与着这些交往。这其中当然也出现过各种困惑，我也在不断摸索、总结方法，以下是我对师生交往和生生交往的一些思考。

一、师生交往

师生交往中最主要的技巧是什么呢？长期做班主任，必须每天面对着学生的各种问题，也不可避免地每天与学生有各种各样的交流。一个班主任，面对班上几十名学生，怎样才能解决好学生的思想问题，工作方法是多种多样的，但其中一项重要的、经常性的工作就是与学生谈话。俗话说，"药到病除，言至心开"，谈话对于师生之间沟通思想、交换意见、交流信息、解决矛盾、融洽感情、增强信赖有着非常重要的作用。与学生谈话的艺术，是教师必须具备的最重要的基本功之一。

我带过的班级中就有这样一个男生，第一眼看，真的是个很普通的孩子，戴着眼镜，个子不高，说话声音不大。过一阵子，发现他酷爱穿足球鞋，几乎天天都穿。然后，就经常听到各门学科老师对他的各种负

---

① 提供者：盛军丽，南京外国语学校仙林分校中学部优秀班主任，所带班级曾获"南京市先进班集体"，2014 年获南京市班主任基本功大赛二等奖。

面评价：上课特别爱讲闲话，听不进批评，有时还斜着眼睛看老师。作为班主任，我找他问问情况，他不吭声，不置可否。请家长来，结果来的是奶奶，我一向不大愿意跟父母以外的家长谈孩子的情况，本想婉转跟奶奶提出想见孩子父母的想法，结果老太太一口气跟我说了半天，让我彻底对孩子的情况有了深刻的了解。奶奶当着孩子的面，极力地控诉孩子父母的不是：爸爸妈妈离婚了，不管孩子，孩子是爷爷奶奶一手带大的，就连上学和生活的费用都是他们出，他们心疼孩子。接下来，又对孩子一顿责备，怪孩子不懂事……后来又说，孩子其实周末都主动要求出去补数学……

看来指望家庭教育对孩子有所帮助是有些困难了。作为班主任的我得想办法走进孩子心里。我知道，他不缺责备，他缺的是关爱；他不在乎批评，因为连爹妈都不在乎他。想想他的处境，我心里有些不忍，毕竟是个才12岁的孩子。我跟他聊天，告诉他生活中除了爸爸妈妈、爷爷奶奶，还会有很多朋友，还有老师；告诉他，我很欣赏他在运动会上的表现，希望他能好好干，争取当上体育委员；告诉他，天气凉了，多穿点衣服；告诉他，周末上辅导班，不如上好校内的每一节课……

开学已经18周了，这个个子不高看似普通的小男生已经是班级体育委员了，整队时特别认真，带操考勤也很仔细。课间一有时间就来跟我交流，看起来是一个挺阳光的孩子。我喜欢他的这种变化。

二、生生交往

我还想跟大家交流的是学生与学生间的交往，先分享一则案例。

课间没事的时候，我喜欢到班级转转看看，看看孩子们三五成群玩得特别开心，就算偶尔有点儿不愉快，第二天也能和好如初。回想我带过的几届学生，发现每届总有那么几个始终不能融入集体的孩子，这届也不出意外。

他是个大个子男生，课间特别喜欢到老师办公室，帮老师倒水、搬电脑、拿作业，忙得不亦乐乎。有时候因为作业没完成，被老师请到办公室也很开心。瞧着他很多时间都忙活在办公室，我很好奇他为啥不跟同学玩，我常常赶他回班。开学没多久，就有女生告他的状，说他要流氓。叫他过来问情况，他一脸茫然，说不是故意的。后来我注意到，这大个子没啥坏心眼，就是不大会玩，当着我的面，还一脸好奇地去摸女孩子的马尾辫。平时看着乖巧的大个子，发起脾气来却相当吓人。有一次，他在课上回答问题时，后排男生偷偷抽了他的板凳，他一屁股坐到了地上，大个子异常愤怒地站起来，抬脚就踹翻了后排男生的桌子。全班孩子都傻傻地看着他激动的样子，我让俩孩子去教室外面冷静一下。谁知道，大个子冲出去，就开始用拳头敲墙，敲得咚咚响，教室里没法上课，抽板凳的男生站在旁边已经吓傻了。

针对这样的孩子该如何教育呢？看着大个子与同学交往中的点点滴滴，再加上我与孩子父母的多次交流沟通，冷静分析后，我发现大个子与同学交往有这样几个问题。

一是家长帮孩子找理由。大个子父母是很支持学校教育工作的，在家对孩子的管教也挺多，但是，在与老师和其他学生沟通中多少有一种帮孩子找理由的感觉，这样多少会阻碍孩子对自身行为的正确认识。

二是缺乏与同龄孩子交往的经验。大个子从小与同龄的孩子玩得比较少，缺乏处理各种突发问题的经验。

三是不愿意倾听同学的想法。在与同学交流的时候，大个子不太认真听别人的意见，当自己想参与的时候却强行表现，结果发现跟大家讨论的不是一码事，渐渐的，和同学就没有共同语言了。

四是与大人的交流中找寻存在感。喜欢与成年人交流，因为成年人出于礼貌，会耐心听他说话，所以有交往的成就感。

对于这样的孩子，我的建议是：多把他"赶"回同学中去，让他多在同龄孩子中找寻价值，寻找朋友。而父母方面，则建议配合教育，帮助孩子树立正确的是非观，并且有意识地鼓励孩子假期与同学主动交往，减少对孩子的过度保护。

我的行动计划

围绕交往与教育，大家彼此分享了很多故事和观点。结合您的工作实际，上述讨论中的哪些观点和做法对您有所启发？请给自己简单列个计划吧！

十日谈 | 永恒的经典
——影视与教育

情境引入
- 看电影成"必修课"

随园夜话

问题聚焦
- 班级如何实施影视教育？

名师视角
- 在电影欣赏中渗透德育

专家解读
- 儿童在影视赏析中进行美德生长

高手支招
- 把全世界最优秀的电影献给孩子

实践探索
- 班级微电影
- 在电影与阅读之间架起一座桥梁——《小熊维尼》教学案例

用活的电影来教学生，一定比教员的讲义好，将来恐怕要变成这样。

——鲁　迅

好电影也是书，好电影也是饭，好电影也是药。人类课程走进新时代——行动课程、书本课程、电影课程交相辉映的时代。

——雷祯孝

【情境引入】

回想起来，恐怕每个人都有一部或者几部印象深刻的影片留在自己的记忆中，它一直潜移默化地影响着我们。如今，电影、电视已成为教育新载体，影视资源正不断地进入教育教学领域。作为老师的我们，如何利用这些资源，发挥其积极作用，已成为当今教育不可回避的话题。

看电影成"必修课"

2016年11月7日，第十二届全国人民代表大会常务委员会第二十四次会议通过了《中华人民共和国电影产业促进法》（以下简称《电影法》）。《电影法》第二十八条提到，国务院教育、电影主管部门可以共同推荐有利于未成年人共同成长的电影，并采取措施支持接受义务教育的学生免费观看，由所在学校组织安排。

2009年，陕西省教育厅、发展和改革委员会、财政厅、文化厅、广播电影电视局联合发文，将影视教育纳入中小学教学计划，保障每个中小学生每学年观看三到四次优秀影片，使观看优秀影视作品成为每个中小学生的"必修课"。陕西省教育厅等五部门为此专门制订了《陕西省中小学影视教育实施办法》，从片源、放映到经费保障等环节对影视教育进行了全面部署。

《陕西省中小学影视教育实施办法》规定，教育厅将组织有关专家从国家五部委逐年推荐的优秀影片中，按照不同学段学生接受教育的特点，每学期推荐3—4部作为必看影片。定期举办影评写作等活动，确保影视教育普及率达到95%以上，要把影视教育与教育教学评价有机结合起来，纳入对学生的管理考核内容之中。

影视教育影片片源实行专供制度，由省教育厅委托具有发行影视资质的经营机构对版权依法买断，提供给各县（区）教育行政部门组织放映。从2009年开始，进入农村义务教育学校为学生放映的爱国主义电影所需经费从公用经费中开支。城市义务教育阶段学生的影视教育经费纳入公用经费开支范围。义务教育阶段学生观看"必看片"不得向学生本人收取费用。高中可以采取随时放映随时收取的方式进行。

我的故事

关于影视教育，您有怎样的体会？不妨与身边的伙伴分享一下或者用笔写下来。

困 惑 一

信息爆炸的时代，怎样引导学生甄别选择影视作品？

观点：纷繁环境下宜导不宜堵。

如今是信息爆炸的时代，电影、电视、视频等门类繁多，内容各式各样，鱼龙混杂，获取的渠道也多种多样。在如此纷繁复杂的环境下，学生毕竟是孩子，难以甄别与选择好的影视作品，尽管教育的难度很大，老师和家长还是要注意引导。

孩子有孩子的兴趣爱好，如果家长和老师过分去管，规定哪些能看哪些不能看，什么时间可以看，什么时间不可以看，这就适得其反了。尤其是初中生，说不定你越是不给看的，恐怕他越要想方设法看。所以，这个问题宜导不宜堵，把握住度就可以了。

【 随园夜话 】

从以上规定中，我们意识到，对中小学生进行影视教育是现实的、必要的，也是可行的。但我们对影视教育的理解、组织、实施还存在一些困惑。

困惑 二

影视艺术有哪些教育功能?

观点一:提高学生的艺术修养和审美能力。

影视艺术已成为现代社会最为流行的艺术形式,有着广泛的影响力和宣传力,尤其是对于青少年学生更有着重要的教育意义。现在的电影、电视都是集娱乐性与知识性于一体的,它与现代社会、科技、文化、工业等领域有着十分广泛的联系,表现出了重要的教育价值功能。在平时的生活中,影视艺术具有积极的娱乐功能和广泛的大众影响力;在课堂上,它具有教育意义与审美价值,不仅给广大师生以美的感受,还大大提高了师生的审美能力,在提升学生综合素质和内涵方面也发挥了不可替代的作用。

观点二:影视艺术有着特殊的德育功能。

学生通过欣赏优秀的影视作品,在潜移默化中受到教育和启发,体验电影艺术所表现出来的真、善、美,并受到教育和熏陶。一部好的影片不仅能够端正学生的思想和行为,形成良好的风尚,而且能促进他们的思想、感情等向好的方向转变,从而树立正确的世界观、人生观和价值观。影视艺术是人类社会活动的真实写照,它能再现和表现人的情感、行为与故事。影视作品中所表现的具有崇高思想情操和良好道德品质的人物,可以使学生直观地受到感染,同时,影视人物的精神境界对每个人也会形成一种道德伦理的震撼。可以说,影视艺术寓教于情,具有极大的德育功能。

观点三:影视教育可以培养学生的创新力和心理素质。

艺术本身就要求有较高的创新力,影视艺术更是如此。可以说,不断创新是影视艺术得以生存和发展的动力和支撑,优秀影视作品的成功最终都归根于其优秀的创新力。另外,就影视内容而言,可以充分发挥学生的想象力对其进行主题再创造、经典改编、续编、电影构思、人物扮演等,这些都是培养学生创新力的有效做法。

影视艺术能给学生带来感官的享受和快乐,迎合现代人的感性需要。但它不仅仅停留在感官层面，而是超越感官达到了精神层面，它会成为学生精神生活中的调味剂和营养物，在学生遇到挫折时给予相应的精神意志支持。因此，影视艺术教育有利于增强学生的意志力和心理素质，人格也逐渐趋向健全，促使学生生活空间更加完善。

困惑三

在班级层面如何实施影视教育？

观点一：影片的选择要考虑切合性。

影片的选择应适时而行，因年龄而异。在幼儿园和小学阶段，可带着孩子看一些趣味性和知识性强的电影，培养他们独立思考的能力；在中学阶段，可多向孩子推荐一些催人奋进、正能量的影片，引导孩子养成良好的行为习惯，不断提高孩子的综合素质。只有这样，才能真正发挥好电影的教育作用，促进孩子健康成长。

选择影片时要多发挥学生的主体性，让学生参与影片的推荐和选择，并要求他们给出推荐或选择的理由。然后综合家长和老师意见，根据班级情况，建立不同学段的影视资料库。这样，对学生的影视教育做一个较长期的规划，日积月累，其教育效果不可估量。

观点二：观看影片的时间和方式可灵活机动。

一部完整的影片时长一般两小时左右，电视剧则时间更长，有些老师经常为选择什么时间、采取什么方式让学生观看这些精心选择的影视作品而发愁。我个人的观点是观看的时间和方式要灵活机动，不可"一刀切"。比如《开学第一课》等主题型节目最好在开学初收看；《感动中国年度人物颁奖典礼》《最美孝心少年颁奖典礼》等典礼型节目可全班统一时间集中观看；电影类集中观看或分散定时观看，所谓分散定时观看，是说学生可以自己观看，但规定同一时间，如周末学生自己组织按小组观看等。

观点三：整合学科教学与影视教育。

把影视引入课堂，能使影视与学科教学相互融合、扬长避短，既能充分发挥课堂教学的高效性、组织性的优势，又能充分利用电影媒体内容丰富、形象直观的特点来削弱课堂教学的强制性弊端，给学生一个更大的学习空间和发挥个性的自由空间。在影视与学科整合教学过程中，教师要精心设计，分析学生的心理特点及认知水平，选出适应学生特点的影片；设立明确的教学目标；对影片内容以及教材内容进行分析，找到最佳的融合点；根据需要，对课前预习、课堂教学、课后练习三环节进行系统设计，以学科教材为主线，以影片内容为辅线，将课前预习、课堂教学、课后练习三环节串联起来，成为一个有机的整体。

困 惑 四

在影视教育过程中教师应发挥怎样的作用？

观点一：在影视教育过程中教师是学生的陪伴者。

在观看影视作品时，教师应和学生一起观看，不能播个片子，打发一下学生，自己溜走了，或者只布置学生看自己却不看，那是没有太大意义的。教师和学生坐在一起，一起沉浸在影视作品的情节之中，这不只是在看影视作品，而是在和学生一起感受内涵和意义，一起获取影视作品所带来的能量。在观看的同时，教师的行为和情感时刻感染着每一位学生，因此，师生在这过程中所接受的教育和影响是共生的。

观点二：在影视教育过程中教师是组织者、引导者和合作者。

新课程倡导教师在教学活动中做学生学习的组织者、引导者和合作者，同样，我认为教师在对学生进行影视教育的过程中也扮演着组织者、引导者和合作者的角色。班主任可以有计划地组织学生观看影视，有条件的学校可以从学校层面组织观看。观看的前期、中期、后期，始终离不开教师的引导与指导，没有教师的指导，最优秀的影片也会逊色；没有教师的指导，学生的影视教育就会流于形式，甚至起到反作用。同时，教师也是合作者，和学生一起感悟，一起分享，一起交流，一起成长。

我的观点

上述小组中讨论到的困惑，在您的工作中是否也出现过呢？您还有补充或不同的观点吗？

〔问题聚焦〕

班级如何实施影视教育？

班级一个学期放一两部片子，这并不难，但要求班主任对学生进行影视教育，想必大家都会产生疑问，这可能吗？如果可能，怎样具体实施呢？

_____

_____

_____

_____

_____

_____

_____

_____

_____

_____

_____

_____

 名 师 视 角

在电影欣赏中渗透德育

金书①

德育工作是学校实施素质教育的重要组成部分。它贯串于学校教育教学的全过程和学生日常生活的各个方面，渗透在智育、体育、美育和劳动教育中。对青少年学生健康成长和学校工作起着导向、推动和保证的作用。德育的重要性不言而喻，我们理解的德育是以人为本的工作，我们的目标就是使孩子们在学校能快乐成长为"胸怀世界的中国人"。

要使这一目标化为具体有效的行为，实现德育由知识本位向能力本位转变、由注重道德理性向注重情感体验转变、由单向灌输向双向互动转变、由他律要求向培养自律转变，选择优秀电影，在电影欣赏中渗透思想道德教育，是切合时代、行之有效的方式之一。

人类发明电影一百多年来，拍摄了许多经久不衰、值得青少年观看的世界经典电影，这些优秀影片从思想内容到艺术形式包含了数千年人类文明成果，是学生了解历史和认识世界的窗口，是提高学生素质的宝贵

---

① 提供者：金书，南京市五老村小学教师，2005年和2015年两次获得南京市优秀班主任称号。多次获得区优秀班主任和优秀中队辅导员称号，论文多次获得省市一、二等奖。

资源。南京市五老村小学（以下称"我校"）依据影视课程鲜明的时代性、典型的生活性、形式的多样性、情感的真实性、内容的丰富性等特点，利用电影资源生动活泼地对学生和教师进行教育，效果显著。

一、确立电影德育为德育的重要途径

电影资源对于德育教育具有促进作用。学校可以通过各种形式，有计划、有目的地组织学生在校观看由专家审定的一系列或单部经典电影，开展符合少年儿童特点的、丰富多彩的活动，促进学生较全面、准确地感知世界、获得知识，并在此过程中培养学生的探究精神和创新能力。

二、加大投入，为电影德育提供物质保障

想要开展影视教育，必备的硬件设施不可缺少，这需要学校引入电教设备，建立校园网和影视片的影视资源库、校园点播系统设备和网络中心，班级要配备网络和电脑，教师可以随时根据需要为学生点播学校影视库里的影片。

三、多种形式观片，落实电影育人

通过多种形式组织学生观看影片，在看电影的过程中开展德育。每周一节电影课，根据德育目标设计主题，选择系列影片，组织学生观看，并结合综合实践活动，对学生进行思想品德教育。

四、电影德育乃德育之创新

一是运用电影资源进行德育，丰富了德育内容，拓展了德育途径，为师生构建一个视通万里、思接千载的平台，让师生徜徉其中，汲取道德养分，提升道德修养。

二是运用影视资源进行德育，利于实现德育由知识本位向能力本位转变，由注重道德理性向注重情感体验转变，由单向灌输向双向互动转变，由他律要求向培养自律转变。

运用电影资源进行德育，将教师的说教变为引导学生观片，在观片的过程中学生与片中主人公发生着共振，从而体会道德要求，使德育由"理性德育"变为"感性德育"，观片后，学生还可以结合电影主题议一议、画一画，主动将电影的影响引向深处，从而将在课堂上进行的道德品质的教育改为全方位、多时空的品德教育。

三是学生个性得到充分的张扬，学习行为发生了深刻的变化。学生积极主动参与学校的德育活动。每次电影节后，学校都能收到数千件学生的绘画作品、道具，数百篇观后感、续写、剧本等作品，搜集到数十个好的活动方案。有些作品让人难以相信出自6岁孩子之手。可以看出，电影课使学生的个性得到释放，创造性得到激发，学习行为发生了深刻的变化。

培养"胸怀世界的中国人"是我校的办学目标，"看世界电影，放眼全球"，我们用优秀电影引领学生向成为"胸怀世界的中国人"的目标迈进。

专 家 解 读

儿童在影视赏析中进行美德生长

李亚娟①

我们这一代人，经常做的一件事就是在自己彷徨不定与失意需要激发斗志的时候，会有意无意地模仿影视作品中主人公的做法，给自己以勇气与力量。我们内心总会自动尘封一些自己认为很好的电影，这些电影里的主要价值观甚至已经融汇到自己的认知、情感与行为之中了。因此，我们不能否认影视赏析能促进人的美德生长。在教育实践过程中，当下一些中小学探索与实施的"影视教育"载体可以说是很好的内容与形式，这种载体让孩子学会欣赏、学会鉴别、学会分析、学会表达，在影视欣赏的过程中完成学习的几个重要环节，如体验、探究、交往，并在此过程中促进美德的生长，具体表现在如下几个方面。

---

① 解读专家：李亚娟，南京市教育科学研究所研究员，博士，《南京教育》杂志社编辑。

一、从教育的对象与主体上看，影视欣赏利于儿童进行综合的道德学习

道德一般由知识、情感、能力几个部分组成，先拥有知识，理解因果利害及个人与社会的关系，然后可以显现为行为。对儿童这一对象与主体来说，只有道德知识没有道德情感就不会有道德行为，不仅要有道德方面的知识与情感，还要有实行道德的能力。正如杜威所言：道德是个体的社会智慧、社会能力和社会情感的合金，培养学生的社会智慧、社会能力和社会情感是学校教育的道德目的，教育的道德目的应该贯串一切教学，通过"道德的教育"培养"道德的人"。

影视欣赏的过程是一个综合的过程，用文本解释学的观点来看，儿童作为主体欣赏影视一般经历三个阶段，首先要和作品本身（文本）进行对话，其次要和作品的作者进行对话，最后完成与自己的对话。正是在这样的综合过程中，促进儿童进行道德知识的理解、道德情感的萌发、道德行为的生成与显现。

二、从课程上看，审美化德育情境利于紧密联系社会生活

我们都知道，电影作为一门综合艺术，是生活的缩影，源于生活而又高于生活，对自然、社会、历史、文化、科学、道德、宗教等方面，对语言、视觉、听觉艺术、媒介艺术等表现形式，对人物、民族、科幻、风俗、战争等题材都会充分关注。

而影视欣赏作为课程，无论从目的上看，还是从功能角度去理解，都尝试设计一种审美化的德育情境，这种艺术化的呈现方式，让儿童能够从自己的生活、经历、经验中进一步提取、总结新的经验，这种新的经验代表着认识的提升、情感的升华和行为的反思。更为重要的是，通过审美化德育情境的创设，让儿童走进生活，在日常真实的学习、交往和生活中对自己、同伴、家庭、社会增进理解，更重要的是，通过影视欣赏学会关心自己所生活的社会。

三、从教学上看，艺术鉴赏性对话方式有助于建立良好的师生关系

教学是教师与学生互助的过程，良好的师生关系非常重要，而师生之间没有良好的情感表达及对话的时空，是很难形成良好的师生关系的。

前面已经从儿童作为读者本身论及艺术欣赏的对话过程，这里从

影视欣赏教学的角度看，儿童与教师（教育者）同为欣赏者、鉴赏者，一起对影视作品进行赏析、评论、交流、碰撞、对话。正如江苏省南京市五老村小学实践的学校电影课程，通过常规观片、系列观片、主题观片、电影资源的开发和运用、"电影节"活动几个部分进行分层次教学，老师们怀揣着"把全世界最优秀的电影献给孩子"的理念，学生带着炽热的情感进行艺术主导的全方位学习，这样的教师与学生共同学习的过程，无疑能够促进教师与学生之间形成良好的师生关系。

四、从效果上看，影视教育有助于各方形成教育合力，促进儿童进行自主教育

儿童的道德教育的过程本质上是对儿童进行价值引导与儿童自主建构的统一，对于未成年人来说，需要学校、家庭、社会一起去寻找道德的教育内容与方法，培育他们的道德品质、心理品质与人格。道德教育应该无处不在，需要社会、学校、家庭三者之间形成合力，相互联系、相互配合、相互促进，影视教育恰恰是这几个方面都能触摸到的载体。但是，从教育实效的角度看，儿童能学会自我教育更为重要，而影视教育运用一种关注生活、关注情感、关注归属与确定的叙事方式，既能够帮助儿童学会建构对自我、对生活的认识，也会在自我意识形成之后学会重构，也就是说，既从影视教育中学习，又能对影视教育内容进行鉴赏与批评。通过这种循环往复的过程，影视教育必定对儿童的自主意识、自主学习、自主成长有所帮助，促进其自主教育。

把全世界最优秀的电影献给孩子

张遗民①

人类发明电影有一百多年的历史，一百多年来，世界各国生产了许多优秀的适合儿童观看的经典电影，这些电影无论从思想内容到艺术形

---

① 提供者：张遗民，南京市五老村小学校长兼党支部书记，中学高级教师，南京市名校长。

式都包含数千年来人类的文明成果，是提高学生素质的宝贵资源。

当今社会已步入信息时代，高新技术从各个方面影响着人类的生活，尤其对青少年的影响更为突出。超文本的电子读物以其鲜明的特点从各个方面影响着青少年的成长。学校教育由应试教育转向素质教育，这更需要我们运用现代化的教育手段，提高教学质量，促进学生全面发展。

通过开设电影课，将优秀影视片提供给学生，充实教育资源，拓展学生视野，丰富儿童的校园生活，为他们培养创新精神，创设良好的环境和条件，促进他们全面发展。学校的"电影课"主要有以下五项内容。

一是常规观片。学校每周用1个课时，由专家和学生选定若干系列数千部优秀中外影视片，按计划、分年级、以班级为单位组织学生集体观看。观片前，教师导看。内容有介绍影片的主要内容、时代背景、提出观看要求等。观片后，组织学生开展相关活动，内容有议电影、写影评、画电影人物、唱电影歌曲、做电影道具等。

二是系列观片。组织学生观看一组优秀影片，观片后，开展丰富多彩的活动。如组织学生观看形式和内容都不同的介绍恐龙的影片，再组织学生开展阅读、参观访问、办恐龙园展等活动。

三是主题观片。围绕一个主题组织学生集体观看数部电影，在观片中和观片后开展活动。如组织学生观看中国的《屠城血证》、日本的《二十四只眼睛》等影片，开展中日关系的讨论等。

四是电影资源的开发和运用。根据学科教学和组织学生活动的需要，对相关电影的内容进行编辑，用于语文、英语、科学、音乐等学科教学以及教师培训、学生活动中。

五是"电影节"活动。通过设立"电影节"，为学生展示影视活动的成果搭建平台。如设立金嘴奖（一句话评说电影课），最佳影评人，最佳广告人，最佳编剧奖，最佳观后感，最佳道具奖，"我电影中的朋友"绘画作品展，影视歌曲擂台赛，电影节会标、吉祥物设计比赛等。

开展把电影引入学校教育，班主任可以针对"节约""守纪""团结"等教育问题组织学生甚至家长观看相关影片，并开展活动，以达到事半功倍的效果。学科教师依据教材，用电影资源丰富和改进课堂教学。如英语教师让学生看原版英文片，学习用英文配音；科学教师为学生播放科学家人物传记影片；语文、音乐等学科教师结合教学内容，将相关电影进行编辑用于教学。学校也可以把世界各国有关教育的影片分类，组织教师观看和讨论，这样的教师培训形式，一定会受到教师的欢迎。

时代的进步，现代技术的广泛运用，更有利于将电影引入我们的教育教学中，让它在学校的教育中发挥重要的作用。

班级微电影

陈斌[①]

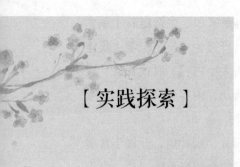

【实践探索】

"微电影"是我管理班级的一个有效途径。在班级微电影的创意中，我较为熟练地运用了配套效应、登门槛效应及积极关注等心理方面的知识和技术。

在班级内引领学生拍摄主题微电影，提高了学生参与班级管理的积极性，通过角色塑造等手段促进学生的个人成长。通过把微电影与班级管理结合的方式，利用学生自身的教育资源对其进行教育，获得极佳的效果。

拍摄微电影之前，我首先与学生商定微电影的主题，如"青春、励志、迎新"，接下来把全班学生分为八个组（应学生的要求最后又组合成四个大组），准备时间为一周。最终完成《当末与未相遇》《回家的诱惑》《坚持自我》《锦城》四部作品。元旦那天，我们邀请了校内老师，以模拟电影节首映式的形式召开了首届班级微电影首映式，并为导演和演员颁了奖，整个活动既轻松愉快又环保健康。电影制作的过程及电影本身的内容对孩子都起到了很好的教育作用。

---

① 提供者：陈斌，南京江宁高等职业学校教师。班级微电影的推动者，国家三级心理咨询师，江宁区德育带头人，所带班级荣获"江苏省先进班集体"。

首映式结束了，我们的活动还在继续。后期我以多种方式对导演、编辑、演员等角色进行持续跟踪，做个案研究，并成功申报了南京市"十二五"规划个人课题。后来我们又尝试拍摄了十多个主题的班级微电影《节日》《班级小团体》《校园宣传片》《班级MV》《毕业季》等。基本上利用业余时间完成，每一期以一周为制作周期。配套准备了三次班级微电影首映式，基本上实现了学生自主制作，培养了学生诸多品质，并把微电影打造成班级的一张名片。

就这样，我们利用微电影低成本、易操作等特点，把电影这种实践性较强的艺术纳入班级管理中来。微电影通过技术手段满足了普通学生成为主角的需要，微电影以其强大的聚合力把班级中分散的资源聚合起来。

通过实践与总结，最终我们以微电影为中心，聚合资源，构建系统，在微电影剧本创作的基础上衍生出班级写作社，创造性地完成了两本励志读本——《所谓生活，就是执着》和《偶遇》。

教育是一门实践的艺术，教育的意义是在实践的过程中不断实现的。只是因为在网络中多看了你（微电影）一眼，再也不能把你忘怀；只是因为这次偶遇，才促成了我在教育实践中的一次改变。

在电影与阅读之间架起一座桥梁
——《小熊维尼》教学案例

赵俊华[①]

一、教学设计指导思想

在小学阶段，低年段的儿童形象思维占主要地位，正因为具有这样的思维特点，所以他们对具体可感的内容与知识明显高于抽象逻辑的事物。在阅读教学中，我们要重视对学生形象思维的培养，并针对学生的身心发展特点，恰当地引入影视教育，在电影和阅读之间架起一座桥

---

① 提供者：赵俊华，南京市五老村小学优秀班主任。

梁。利用电影所特有的优势激发学生的阅读兴趣，深化阅读效果，将单纯的、抽象的文字扩展为图像、视频、声音、三维动画，让静止无声的文字跳动起来，这是一种新型的阅读方式，也是阅读教学改革的新视点，它实现了从文本阅读向超文本阅读的飞跃。

二、活动目标

•挖掘电影文化，陶冶情操，促进学生文化素质的提高。

•通过赏析、评议及实践活动，提高学生的思维能力和电影艺术的审美鉴赏能力。

•懂得人与人之间要互相理解、帮助和关爱。

三、活动重点

•正确鉴赏《小熊维尼历险记》《小熊维尼：关怀与分享》《小熊维尼：真诚与理解》三部电影，把握影片主题。

•通过观看影片、查找资料、开展活动等方式了解更多"理解、帮助和关爱"的知识。

•在观片及组织活动过程中培养学生的创新能力、观察能力、想象能力、思维能力、模仿能力、动手制作能力、写作能力、绘画能力及各种渠道收集资料等能力。

四、活动难点

•在观片及观后活动的过程中给予家庭成员及学生之间、师生之间交流、合作的机会，拉近彼此的距离，增进彼此的感情。

•培养学生主动、热情与他人交往的心理品质及团结协作精神，增强集体意识和集体荣誉感。

五、活动准备

•组织学生观看小熊维尼系列影片，解答学生观片中的疑难问题。

•分小组收集有关"理解、帮助和关爱"的资料。

•根据观看的影片，组织学生参与各项阅读实践活动。

六、活动过程

（一）谈话导入

小朋友们，大家好！看看我们的班级口号"我们都是一家人！"。

是的，进入五小（指南京市五老村小学），我们四十几个人和所有的老师组成了一个大家庭，我们将在这个温暖的大家庭里快乐地成长。日常学习生活中，我们接触最多的是周围的小朋友。怎样交朋友？怎样与好朋友相处呢？人见人爱的小熊维尼来参与讨论了，并给小朋友们带来了《小熊维尼历险记》，邀我们一起去看看。走吧！我们去看电影吧。

（二）欣赏影片

1. 电影必修课：观看《小熊维尼历险记》

小熊维尼的第一部经典动画片《小熊维尼历险记》带着快乐、活泼的节奏与您见面了！在这部动画片里，一共收录了3个有趣的故事，包括小熊维尼贪吃蜂蜜，惹出一连串笑料的《蜂蜜树》，在一个刮大风、下大雨的日子里，小熊维尼和伙伴患难与共，发挥友爱精神的《大风吹》，以及讲述天性爱跳跃的跳跳虎到处调皮捣蛋的故事《小熊维尼之跳跳虎与我》。每个故事都传递着小熊维尼、罗宾和所有伙伴们之间温馨、真挚的友谊，并凭借故事书的串联手法，邀请学生在细致、精彩的插图中，一起加入小熊维尼和伙伴们在百亩森林里发生的有趣的历险故事。

2. 电影选修课：观看《小熊维尼：关怀与分享》

3. 电影自助课：观看《小熊维尼：真诚与理解》

（三）观后活动

1. 观后阅读思维

（1）双"眼"闪亮操

《小熊维尼历险记》一共收录了三个有趣的故事，它们分别是

_____。

（2）双"耳"灵动操

影片中的声音丰富多彩，我听到了_____的雨声、_____的风声、_____的歌声、_____的笑声。其中，令我印象最深的声音是
_____。

（3）小"口"呱呱操

影片中，我认识了_____的维尼、_____的猪、_____的小

兔、_____的猫头鹰、_____的跳跳虎、_____的罗宾……。其中，我最喜欢的是_____，因为_____。

（4）小"鼻"嗅嗅操

维尼的蜂蜜闻起来一定是_____，小兔种的胡萝卜闻起来一定是_____。

（5）小"舌"品尝操

电影中出现了很多美味的食物，例如，维尼最爱吃甜滋滋的蜂蜜，请你仿照例句，写出小兔最爱吃什么，跳跳虎最爱吃什么。

2. 观后阅读延伸

（1）双"眼"闪亮操

小熊维尼的故事告诉家长和孩子，一些小事情是很重要的。从影片中，我们同维尼和他的朋友一起获得了成长的经验：与人和睦相处，懂得关爱别人，学会保护自己，变得勇敢开朗，快乐地走进小学的校门……

相信各位同学和老师及家长一定想了解更多维尼的故事，那就让我们一起去看看"小熊维尼经典故事丛书"。

（2）双"耳"灵动操

家长听小朋友讲故事，并给予适当的指导。

教师组织学生讲故事，并评选"故事大王"。

（3）小"口"呱呱操

听了"小熊维尼经典故事丛书"中的六个故事，你想提出什么样的问题并请同学回答。

如果有机会让你继续编小熊维尼的故事，你准备写什么？

（4）小"鼻"嗅嗅操

读了一系列小熊维尼的故事，你"嗅"出书中人物共同的特点了吗？

我们的周围也有这样的人吗？他们是谁？他们都做了些什么事让你有上述的感受？

（5）小"舌"品尝操

学习维尼的优点，试着帮助长辈、同学、弟弟、妹妹或者需要帮助的人做一件或几件事，聆听他们对你的感谢，感受他们得到帮助的快乐。

3.观后阅读实践

（1）双手动动操

搜集有关"关爱"的名言、古诗、故事、歌曲等材料。

开展"我手绘友情"画展活动。或者组织开展"关爱就在身边"小品演出活动。

拍摄几个生活小短片，要求在生活小事中表现同学、老师、家庭成员、社会上不认识的人"理解、帮助和关爱"的镜头。

（2）大脑活动操

对于"理解、帮助和关爱"，你一定有自己独特的感受，就一件或几件事写出自己的真情实感吧。教师先组织学生参与写作活动，接着再组织学生"读习作悟人性"活动，最后引发学生再找有关"理解、帮助和关爱"的材料观看、讨论、感悟。

我的行动计划

以上我们围绕班主任如何实施影视教育的话题进行了沟通交流、分享互动，结合您的工作实际，您觉得上述讨论中的哪些做法可以在您以后的工作中有所尝试和探索呢？请不妨给自己简单列个计划吧！

附 录

本书所涉及的"随园夜话"各期沙龙主要参与人员

主 持 人：曹 晨（南京市第十三中学）

陈红燕（南京师范大学教育科学学院）

黎鹤龄（南京师范大学班主任研究中心）

鲁正贞（南京市第二十四中学）

韦成旗（南京外国语学校仙林分校）

吴 虹（上海沪江网）

夏宛莹（南京师范大学附属实验学校）

杨 学（南京外国语学校仙林分校）

杨瑞清（南京行知教育集团）

杨圆圆（南京师范大学附属中学新城初级中学）

尹湘江（南京明道学校）

袁子意（南京市建邺高级中学）

张国其（南京外国语学校仙林分校）

特邀嘉宾：陈红燕（南京师范大学教育科学学院）

陈 宇（南京市第三中学）

黎鹤龄（南京师范大学班主任研究中心）

刘 鹰（南京市教育局宣德处）

罗京宁（南京市秦淮区教师发展中心）

齐学红（南京师范大学教育科学学院）

钱铁锋（南京外国语学校仙林分校）

王海韵（南京外国语学校仙林分校）

吴 虹（上海沪江网）

杨瑞清（南京行知教育集团）

袁汝仪（台北大学）

张遗民（南京市五老村小学）

点评专家：陈红燕（南京师范大学教育科学学院）

陈 宇（南京市第三中学）

齐学红（南京师范大学教育科学学院）

王栋生（南京师范大学附属中学）

吴 虹（上海沪江网）

发 言 人：曹　晨（南京市第十三中学）

陈红燕（南京师范大学教育科学学院）

陈　宁（南京市江北新区高新实验小学）

陈赛燕（南京外国语学校仙林分校）

陈　宇（南京市第三中学）

程应春（南京市大厂高级中学）

丁莜芹（南京师范大学附属中学江宁分校）

丁正梅（江苏省苏州中学附属苏州湾学校）

郝结红（南京市扬子中学）

郭文红（南京市芳草园小学）

金　书（南京市五老村小学）

黎鹤龄（南京师范大学班主任研究中心）

李　君（太仓市实验小学）

李　冉（南京师范大学附属中学江宁分校）

刘　昶（南京市大厂高级中学）

刘　芳（南京外国语学校仙林分校）

刘京翠（北京《教育科学研究》杂志社）

刘书刚（南京市浦口区行知小学）

刘素玲（南京市浦口区行知小学）

鲁正贞（南京市第二十四中学）

陆　娟（南京市扬子第一中学）

罗京宁（南京市秦淮区教师发展中心）

潘旭东（南京市第十三中学）

钱美丹（太仓市实验小学）

邵　静（南京师范大学附属中学新城初级中学）

孙　瑛（南京外国语学校仙林分校）

唐晓丹（南京师范大学教育科学学院）

王　欢（南京市长江路小学）

王　菊（南京师范大学附属小学）

王　千（南京市第六中学）

王　蓉（南京市第六中学）

韦成旗（南京外国语学校仙林分校）

吴　虹（上海沪江网）

吴敏敏（太仓市实验小学）

吴申全（南京市莫愁中等专业学校）

夏　军（南京师范大学教育科学学院）

邢　旻（南京市九龙小学）

许小娟（南京理工大学实验小学）

杨　玲（南京市浦口区行知小学）

杨　婷（南京理工大学实验小学）

杨秀梅（南京外国语学校仙林分校国际高中部）

杨　学（南京外国语学校仙林分校）

尹湘江（南京明道学校）

于庭玲（南京市浦口区行知小学）

袁子意（南京市建邺高级中学）

赵晓鑫（南京师范大学附属中学新城初级中学）

张　薇（南京市九龙小学）

张　益（南京市九龙中学）

后 记

  "随园夜话"班主任沙龙系列文集"班主任工作十日谈"丛书，已于2015年陆续出版，自出版以来在实践领域产生了广泛的社会影响，如今即将再版。作为一项集体智慧的结晶，从最初沙龙的录音整理，到文稿的结集出版，再到修订再版、视频制作，其中凝聚了太多人的努力与心血。

  首先，感谢教育科学出版社的刘灿主任和池春燕编辑，他们在沙龙原稿基础上，对丛书的结构框架、呈现方式等问题提出了极具建设性的意见和建议。目前呈现在大家面前的体例结构包括"案例故事""随园夜话""问题聚焦""实践探索"等几个板块。这样的设计既保留了沙龙原本的对话性、情境性和生成性，又对其中普遍的教育问题和对策策略予以归纳、提炼、总结。这样的呈现方式无疑是对沙龙学术品质的提升。对于广大读者而言，这样的设计不仅再现了班主任沙龙的问题情境，而且有助于班主任老师将自己在班级教育实践中遇到的困惑与问题带入阅读过程，进而与沙龙文本之间进行对话与交流。这样一种阅读方式和学习方式无疑是对班主任实践经验和智慧的升华。

  其次，要感谢沙龙分册的主编们，感谢他们为沙龙的结集出版付出大量心血，他们不仅多次担任沙龙的主持人，而且承担了大量的文稿征集、修订和编辑工作。在沙龙活动过程中，我们见证了他们从普通班主任到专业型、专家型班主任的成长历程，他们既是沙龙活动的直接参与者和受益者，同时也是班主任团队的引领者，在他们的带领下，一批批年轻班主任脱颖而出，成为班主任沙龙的中坚力量。

  再次，特别要感谢我的几届硕士研究生，没有他们及时地将每期沙龙录音整理成文字稿，就没有今天沙龙文集的诞生。他们不仅是沙龙录音资料的整理者，同时还是沙龙活动的组织者、服务者和参与者，他们在这里感受到了丰富多彩的鲜活的班主任人生，以及优秀班主任的教育实践智慧，增加了对基础教育实践的感悟与理解，收获了书本之外的教育实践性知识。他们为沙龙付出着并在沙龙中成长着。虽然有些同学已经毕业离开了学校，但回首南京师范大学三年的学习经历，班主任沙龙给他们个人成长带来的影响令他们终生难忘，有些同学毕业后仍在从事着与班主任有关的教学或研究工作。同时，他们也把沙龙文稿的整理工作传给了后来者。其中，直接参与沙龙文稿整理工作的共有六届硕士研究生，他们是：刘京翠、唐秋月、何宗艳、胡迪（2009级）；李云竹、宋春旗、杜乐（2010级）；刁益虎、徐小丹、王飞（2011级）；李静、李蒙、王桂芝、陆文静（2012级）；王若雪、汪靖云、吴青（2013级）；邵东红、朱国红（2014级）。

最后，感谢所有沙龙成员的参与与坚守，在这里，我们一起走过了12个春夏与秋冬，一起体悟教育自身的魅力和带给我们的感动。特别值得一提的是，年过八旬的班华教授始终关心并且引领着沙龙活动的健康开展，不仅自己坚持参加沙龙，还经常给予老师们专业上的指导；年过七旬的黎鹤龄主任不仅自己坚持参与每次沙龙活动，还耐心指导所在学校的年轻班主任认真准备每次的沙龙主持材料，不断传播和扩大沙龙的影响力，经他介绍和引荐，越来越多的学校和年轻班主任加入进来，为沙龙增添了新鲜血液和力量，在他的倡议下，沙龙活动在南京仙林地区也独立开展起来。

以上这些都让我体会到教育事业是一项薪火相传的事业，需要一代又一代人的传承与接续。沙龙活动正以其民间性、开放性、专业性、人文性，得到广大一线班主任的喜爱。正如吴虹校长对于沙龙精神所做的概括："总有一种温暖让我们感动，总有一种力量让我们前行，总有一方土地让我们生长，总有一种幸福让我们分享，总有一种事业让我们追寻！"希望这一方土地惠及更多班主任的专业成长！

齐学红　于朗诗国际

2021年1月